DIM NIWED

Dim Niwed

Martin Huws

Argraffiad cyntaf: Hydref 2003

Cyhoeddir o dan gynllun comisiwn Cyngor Llyfrau Cymru.

Rhif Llyfr Safonol Rhyngwladol:
0-86381-848-X

Cynllun clawr: Sion Ilar

Argraffwyd a chyhoeddwyd gan Wasg Carreg Gwalch,
12 Iard yr Orsaf, Llanrwst, Dyffryn Conwy, LL26 0EH.
☎ *01492 642031*
🖷 *01492 641502*
✆ *llyfrau@carreg-gwalch.co.uk*
Lle ar y we: www.carreg-gwalch.co.uk

Diolchiadau:
Yn gynta, diolch i Golwg am ofyn i mi sgrifennu
stori am argyfwng tawelyddion yn y Cymoedd.
Yn ail, diolch i Wasg Carreg Gwalch am eu gwaith graenus.
Ond yn fwy na neb, diolch i Nest am ei hamynedd.

I Jean Rees, oedd yn gaeth i dabledi cwsg
am flynyddoedd ac a lwyddodd
i ddod drwy'r niwl.

I bawb sy'n trial torri'r cadwyni.

*Er cof am Dad a Mam, Ieuan a Dorothy,
y ddau o Lanelli, a symudodd i
Gaerdydd ar ôl yr Ail Ryfel Byd.*

1

Hwn oedd y dechrau. Yn y pen draw, er y gallwn i dynnu'r cloc yn rhacs a gwasgaru'r darnau ar hyd y ford, ro'n i'n ffaelu dodi dim at ei gilydd.

Pan adroddai'r stori – ei fersiwn e o'r stori – roedd darnau ar goll.

Roedd wedi bod yn y gegin, meddai, a chwys ar ei dalcen, yn hiraethu am fod ar gopa oer y Garth, y mynydd ry'n ni'n gallu'i weld drwy'r ffenest. Ar yr hewl fawr roedd y lorïau, un ar ôl y llall, fel crocodeils araf a hir. Roedd yn bump o'r gloch. Cofiodd ddiawlio fi am fod yn hwyr cyn sylweddoli fod rhai pethe na allwn i eu rheoli, gan gynnwys y ceir oedd yn dagfa hir rhwng y siop a'r tŷ. Roedd wedi sychu ei dalcen â lliain cyn agor y ffwrn gan feddwl am yr hyn fyddai'n digwydd y noson honno yn y clwb, y curo cefnau a'r dathlu wrth y bar tan oriau mân y bore. Dim ond fe oedd wedi ei enwebu'n gadeirydd: gwyddai fod cyfnod newydd ar fin dechrau.

'Beth am Siôn? Ble oedd e?'

'Bydd yn amyneddgar.'

Roedd wedi lluo'i wefusau ar ôl agor drws y ffwrn cyn codi'r penfras â sgleish, meddai. Clywodd y larwm mwg yn tanio a phan safodd ar ben y stôl yn chwifio'r clwtyn llestri gwyn, cofiodd stori ei dad am gant o Eidalwyr yn ildio i filwr o Brydain yng Ngogledd Affrica yn yr Ail Ryfel Byd. 'Yr ymladdwyr gorau yn y byd. Dim asgwrn cefen. Roedd gyda nhw lond bola o ofon.'

Wrth dorri'r tomatos yn fân ar y plât, sylweddolodd yn sydyn fod y tŷ'n rhy dawel ar ôl i'r larwm beidio. Gwrandawodd yn astud. Roedd y stafell fyw lle roedd Siôn, y mab, wedi bod yn whare'n swnllyd ddeng munud yn ôl yn dawel. Fel arfer, os oedd Siôn yn mynd i'r tŷ bach, byddai'n dweud hynny. Trodd y tap arno. Tasgodd y dŵr twym dros ei drwser a phlymiodd yr hambwrdd metel i'r gwaelod. Roedd sisial y dŵr fel ochenaid o ryddhad.

Sychodd ei ddwylo yn ei drwser wrth redeg. Suddodd ei galon. Roedd y stafell fyw yn wag a'i feddwl fel y darnau jig-so ar wasgar ar y carped coch. Pan welodd y drws ffrynt yn gilagored rhegodd o dan ei ana'l.

Ar garreg y drws gwaeddodd enw'i fab ond roedd y berth yn mygu ei lais, meddai. Sgrech foddodd y cwbwl. Roedd brêcs y lorri'n gollwng fel ana'l yn gadael corff.

* * *

Ti'n cofio sut mae'r golau'n llithro dros dir tywyll mewn hen ffilm pan yw carcharorion rhyfel ar fin gadael twnnel? Fel 'na mae ei llygaid yn edrych arnon ni, yn glanio arna i. Mae fy stwmog fel llwyth llawn mewn peiriant golchi.

Symudaf fy mhen-ôl ar y gadair. Sdim dal ar yr amheuon, y dail sy'n tagu'r gwter ers imi gael fy ngeni. Rwy'n casáu'r cyrsiau hyn, yn enwedig y chwarae rôl, a'r bore 'ma rhaffai'r hyfforddwraig dal â'r gwallt coch y rheolau ar ras wyllt. Gofyn y Gochen am wirfoddolwyr. Neb. Ar ôl ychydig o eiliadau, yn wên o glust i glust, pwyntia ataf fi a menyw arall.

Dyma'r sefyllfa: y fi yw'r weinyddes siop a hi, y stwcen o'r Rhyl â'r gwallt golau perocseid, yw'r cwsmer llet'with. Llet'with? Paid siarad. Pan ofynnais am cappuccino yn y cantîn ddoe, y diwrnod cynta, daeth hi â phisho crics mewn cwpan plastig. Dim 'Rwy'n flin', dim ond cario mlaen i siarad, edrych ar bawb wrth ddweud ei stori, a fi'n teimlo fel siecen yng nghinio blynyddol Merched y Wawr.

Safwn o flaen y lleill heb sgript. 'Ble mae'r rheolwr?' medd y Stwcen.

'Ar ei awr ginio. Ga i eich helpu chi?'

'Rwy'n moyn siarad â rhywun cyfrifol.'

'Wel, os y'ch chi'n gyfrifol, dylech chi ddilyn y drefn a . . . '

'Dwi ddim yn hoffi eich agwedd . . . '

'Felly mae mwy o angen inni ddilyn y drefn.' Try'r gynulleidfa o'r dde i'r chwith fel torf Wimbledon. Gwenaf ar y Stwcen sy'n troi ei hwyneb, yn whilo am eiriau. Dere, fenyw, fel arfer rwyt ti fel pwll y môr.

Slawer dydd, pan o'n i newydd adael yr ysgol, torrai'r peiriant i lawr bob hanner awr yn y popty lle ro'n i'n gweithio ac ro'n i'n arfer mynd i stafell fach i gloncan a smocio, yr unig gyfle i daro'n ôl yn erbyn llanw'r belt cludo. Deuai'r arolygydd yn ei got hir wen, edrych ar ei watsh a gweiddi arnon ni. A beth wnethon ni? Wherthin nerth ein pennau nes iddo daro ei ddwrn yn erbyn drws, cochi a gadael.

Hei, gan bwyll, beth sy'n digwydd? Mewn cornel mae'r Gochen yn sibrwd wrth y Stwcen ac edrychaf drwy'r ffenest, gan esgus mod i ddim yn clywed. Ond clywaf eiriau fel 'carped', 'lliw gwahanol' ac 'arian yn ôl'.

Dwi ddim yn seicig, ond ro'n i'n arfer gallu gwrando ar sgyrsiau cariadon oedd yng nghornel bell tafarn ar noson gêm ryngwladol tra o'n i'n gwrando ar Sheila, fy ffrind o'r Pentre, ar y stôl nesa'n dweud pwy mor ddiolwg oedd y dynion ifanc yr oedd yn eu nabod. Uffern o fenyw, Sheila: pan oedd hi ddim yn ffansïo dyn a fe'n pallu gadael, byddai hi'n dweud ei bod yn Gristion oedd wedi cael ei haileni. Roedd y dynion yn cydio yn eu peintiau a dianc i'r lolfa.

Ie, galla i glywed beth mae dynion yn ei ddweud yn eu cwrw. Gallwn eu blacmeilio 'swn i'n ast o fenyw ond dwi ddim, 'na'r drafferth, rwy'n rhy ddiniwed o lawer. Mae bywyd wedi bod yn rhy garedig. Mae eisie mwy o greithiau i oroesi yn yr hen fyd 'ma.

'Canolbwyntiwch, Elsie.'

Mae'r Gochen yn taro'i dwylo, sgyrsio pawb yn dod i ben a'r ddwy ohonon ni'n ailgychwyn yr olygfa. Y tro hwn y fi sy'n dechrau. O gil fy llygad sylwaf fod rhai'n edrych i gyfeiriad y drws a chlywaf sodlau'n taro'r llawr, yn beiriannol, bron yn filwrol. Mae menyw ganol-oed mewn siwt ddu'n hwylio i mewn i'r neuadd. Dyw'r Gochen ddim wedi sylwi eto: mae ei llygaid yn mynnu ein bod yn perfformio'n dda. Pan ofyn y Siwt Ddu rywbeth i fenyw wrth ddesg, pwynta ata i. Mae rhywbeth yn bod, mae'r fenyw wrth y ddesg yn edrych arna i'n rhy hir. Oesoedd. Tragwyddoldeb. Anadlaf yn araf, yn ddwfn.

'Os na alwch chi'r rheolwr . . .'

'Ie.'

'Af â'r mater ymhellach.'

'O.'

'Wel?'

Yn lle dod ata i, sibrwd y Fenyw Siwt Ddu yng nghlust y Gochen. 'Pawb i gael hoe,' meddai'r Gochen. 'Mae angen ana'l arnoch chi am fod y cwrs yn ddwys.' Ond mae rhywbeth yn ei llais, yr awch yn rhy ddanheddog. Pan gerddaf at y ford, gafaela'r Siwt Ddu yn fy mraich dde a sibrwd yn fy nghlust, 'Elsie, ry'n ni newydd dderbyn neges.'

'Neges?'

'Rhyw fath o neges.' Cliria ei llwnc.

'Ie?'

'Mae'ch mab yn yr ysbyty.'

'Ysbyty?'

'Dyna oedd y neges. Rwy'n siŵr y bydd popeth yn iawn.'

Mae'n gafael yn dynnach yn fy mraich ac yn sydyn ry'n ni yn y coridor moel ymhell o sŵn y sïo. Peidiwch â gwenu'n ffug, plis, pan yw syniadau hurt yn dawnsio yn fy mhen fel jig.

* * *

Gan bwyll, Elsie, gwasga'r brêc yn dyner ac eistedd yn ôl yn y sedd gyffyrddus. Paid â becso. Ond, yr anadlu dwfwn, mae plentyn wedi taro'r ffenest a'r llyswennod anferth yn gwau yn nhanc fy meddwl. Dwi ddim wedi cael y profiad hwn o'r blaen.

Sdim llawlyfr i droi ato. Cydia'n dynnach yn y llyw, newid gêr, y dwpsen achos sdim eisie pumed gêr ar hewl llawn tai. 'Bydd popeth yn iawn,' meddai'r Siwt Ddu ond meddyliaf am ddyn tân yn estyn llaw i fenyw sy'n cydio mewn tusw o wair cyn cwympo i lawr clogwyn. Clywaf gorn car yn rasio i'r cyfeiriad arall, yn estyn ei sgrech, sgrech o fyd arall.

Wrth adael Caerdydd, llacia'r tagfeydd ar yr A470 a phan wasgaf y botwm, mae'r miwsig canu gwlad yn golchi drosof. Ar y chwith, hanner canllath cyn cylchfan Nantgarw, mae goleuadau rhybudd car yn fflachio yn y glaw mân. Tu ôl iddo mae goleuadau glas car heddlu a phum ambiwlans fel trên wedi dod oddi ar drac.

Breciaf. Iesu, mae rhywun yn mynd i gael ei ladd. Beth sy'n bod ar bawb, yn arafu i wylio? Ond rwy'n euog, yn un ohonyn nhw, yn edrych i'r chwith ble mae menyw ifanc yn llefen, rhywun yn lapio blanced amdani, a bag corff bach yn cael ei gau. Llyncaf fy mhoer. O'r tu ôl mae ofon yn cydio ynof fel treisiwr.

Chwarter awr yn ddiweddarach, rwy yn yr ysbyty, yn hala hanner awr yn whilo am le i barcio, a phan lwyddaf, ciciaf y peiriant tocynnau sy'n pallu gweithio. Mae car Mercedes gwyn yn stopio a menyw ifanc dywyll, â babi yn y cefn, yn estyn ei thocyn i mi.

'Diolch.'

'Oni bai ein bod yn helpu ein gilydd, sdim pwynt byw.' Gyr hi bant yn glou. Geiriau Mam yn gwmws. Alla i ei gweld hi yn ein stafell wely ganol, yn cau ei llygaid am bum munud cyn cysgu'n ddwfwn yn y prynhawn. Yn ddi-ffael.

Pan gerddaf i mewn i'r cyntedd teimlaf yn isel: yng nghanol y doctoriaid, y nyrsys a'r ymwelwyr prysur, rwy'n moyn amser i feddwl. Oedaf wrth waelod y grisiau.

'Mae eich mab yn Ward 5,' medd y fenyw â gwep hir o dan yr arwydd 'Croeso'.

'Ody . . . ?'

'Rwy'n flin. Alla i ddim eich clywed chi.'

'Ody e'n . . . iawn?'

'Dim mwy o fanylion.' Er imi whilo a whilo am ugain munud, sdim sôn am Ward 5 ac mewn coridor ym mhen draw'r adeilad ymunaf â rhes o bump o bobol sy'n aros i holi nyrs.

'Ward Charles Evans y'n ni'n ei galw hi,' meddai.

Ar ôl gofyn i ymwelwyr deirgwaith, cyrhaeddaf ddesg y ward, yn swil fel yr o'n i slawer dydd wrth ofyn dros wal am fy mhêl yn ôl oddi wrth Miss Hathaway. 'Na beth oedd y plant yn ei galw hi, y fenyw oedd yn bedwar deg ond ei gwallt yn wyn fel cannwyll corff. Roedd Mari a Wendy, fy ffrindiau, yn dweud fod ei stafell fyw'n llawn gwe corryn ac na allai plant ddianc o'r tŷ.

Daw nyrs, ei gwallt mor dynn â siâp ei cheg. 'Mae Siôn yn fachgen lwcus.'

'O'n i ddim gartre ar y pryd.'

'Chi yw ei fam?'

'Ody e'n iawn?'

'Tarodd car yn ei erbyn.' Codaf fy llaw i'm ceg. Dilynaf hi fel ci bach ar hyd y rhes o welyau. Pwy fath o nyrs yw hon, yn pallu rhoi mwy o fanylion tra mod i'n gwingo tu mewn? Am ryw reswm, mae gwely Siôn mewn ward ar ei ben ei hun. Iesu, yn rhy agos at y nyrsys. Egyr y nyrs y drws a diflannu. Gallai Siôn fod yn waeth, sbo, er bod rhwymyn am ei goes dde. Penliniaf a chlirio'r papurau losin a'r clwtyn ymolch mochedd o'i gwpwrdd bach.

'Mam, ti'n hala cywilydd . . . '

'Beth ddiawl wyt ti'n neud i fi?'

Daw'r doctor tywyll i mewn a dodi ei law ar fy ysgwydd. 'Peidiwch â'i holi fe gormod. Sioc.' Dechreuaf lefen. 'Eisteddwch. Rwy'n flin . . . ' Does dim cadair. Daw yn ôl â stôl o swyddfa'r nyrsys.

'Fydd dim . . . ?'

'Dim effeithiau tymor-hir. Na.' Doda ei law ar dalcen Siôn. 'Ond bydd raid inni gadw golwg arno, trefnu sgan,' medd yn ei lais mater-o-ffaith.

'Sgan?'

'Ar ei ymennydd, rhag ofon. Tarodd ei ben yr hewl. Ond cyn bo hir, bydd yn penio pêl ac yn sgorio gôls. Pwy yw dy hoff dîm, Siôn?'

'Manchester United.'

'Ti wedi bod yn Old Trafford?'

'Nagw.'

'Bydd raid iti ofyn i dy fam.'

'Gwena, Mam.' Gwenu? Esgyrn Dafydd, 'na ddiwrnod. Mae'r dolur rhyfedda arna i. Drwy'r ffenest gwasga'r cymylau ar y dre. Pam na wnaf i ofyn am agor y ffenest yn y stafell fach?

2

Mae gan y nos ei rheolau ei hun. Ar yr hewl fawr, mae lorri'n llusgo mynd, y gyrrwr ar daith hir ond yn gwbod ble mae diwedd ei daith a phryd y bydd yn cyrraedd. Teimlaf ddiferion o chwys ar fy nhalcen: rwy fel croten ysgol, yn becso mod i ddim wedi adolygu, fod Mam yn mynd i weiddi pan glyw'r canlyniad, fod y beiro glas ddim yn mynd i weithio. Yn fy mhen, ar hyd coridor hir, caea drysau, un ar ôl y llall.

Pan bipaf drwy'r llenni, mae perthi'r parc yn siapiau sinistr o dan olau lamp yr hewl. Try Howard ar ei ochor yn sydyn. Af yn ôl i'r gwely er bod pwysau mawr ar fy mhledren. Gormod o goffi cyn mynd i'r gwely; rwy'n ddiawl dwl, ddim yn ystyried beth all ddigwydd yn y pen draw. Beth wnaf i? Tynnaf y garthen yn ôl yn araf a cherdded ar flaenau fy nhraed, fel croten yn dysgu bale, gan osgoi'r styllen wichlyd wrth y drws. Try Howard eto. Dyw'r blaidd ddim wedi dihuno o'i gwsg. Yn lle dodi golau'r landin arno, cydiaf yn y canllaw cyn whilo am y wal a switsh y stafell molchi. Ana'l o ryddhad, cau'r drws cyn tynnu'r dŵr. Drychiolaeth yn y drych. Menyw wahanol, ei llygaid yn emau sy wedi colli eu lliw.

Yn araf, â chefn fy nhroed, caeaf ddrws y stafell wely. Cwyd Howard ei ben a'i ostwng cyn anadlu'n ddwfn, yn rhythmig. Rwy'n saff. Pan orweddaf mae llais yn hisian. 'Yr ast.'

'Rwy'n flin.'

'Ti'n gwbod mod i'n mynd i'r gogledd am chwech.' Pedwar yw hi ar y cloc golau-yn-y-tywyllwch. Troaf ato, gan estyn fy mhen yn dyner o dan ei gesail. 'Mae'n rhy hwyr.' Er ein bod yn yr un gwely, ry'n ni fel dau facrelyn ar stondin farchnad.

* * *

Ers prynhawn ddoe mae faniau coch wedi cyrraedd yn llawn o garpedi o'r ffatri yn Newcastle a Jac, y gofalwr canol-oed, yn colli cownt ar faint sy wedi gwibio'n ôl ac ymlaen tra saif wrth y glwyd yn smocio'i sigaréts rolio, un ar ôl y llall. Yn y glaw mân saif cwt hir o gwsmeriaid ers chwech y bore ar ddiwrnod cynta'r sêl.

Yn y cyntedd mae Ben Jones, y rheolwr, yn cnoi ei ewinedd.

'Beth sy'n bod?'

'Elsie fach, mae lle y diawl 'ma. So i'n gwbod beth i neud. Dwy ferch tu ôl y cownter yn dost gyda'r ffliw a neb i gymryd eu lle.'

'Beth am ffonio Caerdydd i ofyn i'r rheolwr-gyfarwyddwr ryddhau un o siop Rhymni ac un o siop Caerffili? Mae'n siop ni'n fwy.' Cofleidia fi'n sydyn. Rhyddha ei afael pan wêl Denise a Thelma'n cerdded i lawr y sta'r o'r adran deipio. Am ychydig o eiliadau saif y ddwy'n stond. Stwcen ganol-oed yw Denise tra bod Thelma'n ugain mlynedd yn ifancach, â golwg freuddwydiol yn ei llygaid. Try Denise a sibrwd tu ôl ei llaw.

Ymlaen â fi i'r stordy. Am ddwy awr arall cyn i'r siop agor, mae dynion mewn cotiau hir brown yn cario carpedi ar eu hysgwyddau ac yn eu canol, yn ymddiheuro bob munud, rwy i mewn cot wen yn clau silffoedd â hen glwtyn piws. Mae natur yn galw am un ar ddeg. Cerddaf i'r islawr, i'r tŷ bach ac er bod y pan yn dwym, mae'r lle'n llawn mwg sigarét. Darllenaf y graffiti ar y drws: *Roedd y cwmni'n moyn cyhoeddi bwletin wythnosol ond mae hwn yn rhatach. Mae Ben Jones yn Fuehrer, yn hala Hitler i fod fel Peter Pan. Rhag eich cywilydd.*

Egyr y drws a chlywaf leisiau wrth i sigaréts danio.

''Na welliant,' medd Thelma. 'Yr un cynta heddi.'

'Wel, beth ti'n feddwl?'

'Meddwl?'

'Ohoni hi. Dim ond ffenestri'r stordy oedd hi i fod i glau, nage'r silffoedd i gyd a'r llawr.'

'Wel . . . '

'Ac mae'n gweithio tu ôl y cownter y prynhawn 'ma,' medd Denise.

'Dyw hyn ddim yn iawn.' Pesycha Thelma ar ôl hwthu'r mwg yn hir ac yn soffistigedig.

'Y drafferth yw bydd y Fuehrer yn dechrau meddwl ein bod ni i gyd yn gallu gweithio ymhob swydd.' Daliaf fy ana'l. Yn fy nychymyg gwelaf Thelma'n clipsan am fod ei lensys cyswllt yn anghyffyrddus. 'Gei di weld, hi sy wedi ennill y wobor.' Plygaf ymlaen.

'Ond mae cystadleuwyr o bob rhan o Brydain.'

Sibrwd Denise. 'Ti'n gwbod beth? Mae'n casáu digwyddiadau cyhoeddus.'

'Na.'

'Ar yn wir iti.' Daw'r wherthin i ben pan sïa'r sigaréts o dan y dŵr tap.

'O's rhywun yn y tŷ bach?' gofyn Thelma.

'Mae'r clo wedi bod yn sownd ers wthnos a Jac y Gofalwr yn whilo o hyd am ei gan olew.'

Ar ôl i'r ddwy adael, rhedaf yn ôl â'm gwynt yn fy nwrn i'r stordy ble mae Sammy Bach yn ticio colofn o rifau ar ei glipfwrdd.

'Beth yw'r gystadleuaeth hyn?'

'Elsie, ti wedi bod yn gweithio fan hyn yn ddigon hir i nabod y ddwy 'na.'

Am bump rwy'n falch o adael; mae'r diwrnod wedi bod yn hir, yn ddi-stop a'r cwsmeriaid yn waeth eleni, bron fel cŵn yn ymladd am sbarion cig.

'Ble ti'n mynd heno?' gofyn Sammy Bach.

'Rhag dy gywilydd, a ti'n ddiacon.'

'Dim ond dangos diddordeb yn fy nghydweithwyr.'

'Eistedd o flaen teledu a chwympo i gysgu.'

'Amen.'

Mae'r maes parcio'n siang-di-fang, rhai mewn cwt hir tra bod y lleill yn cael gwaith troi i mewn i'r hewl fawr. Saif Denise wrth ei Cavalier newydd coch. 'Haia, Denise, ti'n iawn?'

'Ti sy wedi ennill y wobor.'

'Pwy wobor? Dyw Ben ddim wedi dweud dim.'

'Ben, ife? Watsha fe. Mae'n ddyn priod. Gwranda, rwy wedi gweld y rhestr ac yn gwbod ble mae pawb yn eiste.' Egyr ei drws a thanio'r injan cyn gyrru heibio ac agor ei ffenest. 'Ti yw'r unig un sy'n eiste wrth y ford fla'n.' Pan dry i mewn i'r gwt hir, mae hi bron â phwnio Ford Fiesta gwyn ond hi sy'n codi dwrn a chanu corn.

Pam fi? Beth sy mor arbennig amdana i? Daw bwlch yn y gwt ond oedaf a sefyll am ddeng munud hir. Alla i fforddio prynu ffrog newydd?

* * *

Ar hyd y ffordd ddeuol mae'r bedw fel rhes o filwyr. Yng nghanol Awst mae'n arllwys, fel canol gaeaf. 'Y broblem yw na all plant ddeall tymhorau,' meddai cwsmer ddoe, athrawes dal â gwallt golau hir. Yng nghanol y til prysur a'r cwsmeriaid diddiwedd, doedd ei phregeth yn golygu dim; ond heddi, pan yw'r meddwl mewn gêr isel, rwy'n ei deall i'r dim. O dan ein trwynau mae'r hen wirioneddau'n llithro fel tywod drwy'n dwylo. Gwenaf. Cofiaf Mam-gu, merch ffarm o Sir Gaerfyrddin, yn pwyntio at y teledu. 'Arnyn nhw mae'r bai, yn tanio rocedi i'r gofod achos ers 'ny, mae'r tywydd wedi altro.'

Diolch byth, mae lle yn y maes parcio. Roedd lle y diawl yn arfer bod; dim lle i bawb. Dim ond yn ddiweddar y dechreuon nhw godi tâl am fod pobol Caerffili'n parcio'u ceir yn yr ysbyty a dala bws i ganol Caerdydd yn lle talu arian mawr yn y meysydd parcio aml-lawr.

'Bydd yn fachgen da, Siôn,' medd y nyrs.

'Beth ti'n gweud, Siôn?'

'Diolch.' Cwyd ei law ar fachgen yn y gwely ochor draw wrth inni adael y ward.

Mae'n sobor o dawel nes inni adael Caerdydd. 'Alla i ddodi tâp arno, Mam?'

'Na.'

'Plis? Plis?'

'Rwy'n moyn llonydd.' Cyn bo hir ry'n ni'n mynd heibio gorsaf Pontypridd i gyfeiriad y Rhondda. Edrychaf ar Siôn sy'n dala'i gês bach glas yn dynn. 'Rwy'n flin.'

'Bydda i'n gorfod mynd yn ôl?'

'Yn ôl?'

'I'r lle 'na. Roedd y gwynt yn ofnadw.'

'O hyn ymlaen, ti'n mynd i fod yn fachgen da, fel wedodd y nyrs. Mae cyfnod newydd yn dechre.'

'Beth yw cyfnod?'

'Tudalen lân, dechre o'r dechre.'

Saetha car coch Alfa Romeo heibio.

'Os af i i'r coleg, wnei di brynu un o'r rheina i fi?'

'Un peth ar y tro.'

Dringwn yr hewl serth cyn stopio'r car. Agoraf y drws ffrynt. Sdim ots os nag wyt ti'n sychu dy draed.' Tynnaf ei got cyn dodi clustog tu ôl ei gefn ar y soffa. 'O's syched arnat ti?'

'Mae'n od,' medd Siôn wrth edrych o gwmpas y stafell.

''Co ti. Sudd oren, dy ffefryn.'

'Mae'n od bod yn ôl.' Eisteddaf wrth ei ochr a dala'i law, yn gymwys fel o'n ni cyn y ddamwain.

'O's rhywbeth ar y teledu?'

'Pam redaist ti mas o'r tŷ?' Gwena'n wanllyd. 'Pam?'

'Jamie.'

'Jamie?'

Pwyntia at ei dalcen. 'Fy ffrind fan hyn. Mae'n well nag unrhyw ffilm.'

'Nag yw'r meddwl yn rhyfeddol? Wnei di ofyn i Jamie fihafio'r tro nesa?'

Gwenwn ar ein gilydd am y tro cynta ers i Siôn adael yr ysbyty. Cofleidiwn. 'Rwy mor falch dy fod ti'n ôl.'

'Ti'n iawn, Mam?' Tyn ei neisied mas a sychu fy nagrau. 'Bydd dim tro nesa.'

'O'n i'n meddwl mod i wedi dy golli di. Bydda i'n iawn.'

Pan gân y gloch cwyd ar ei draed. 'Na, Siôn, paid.' Mae'r ail, y trydydd a'r pedwerydd caniad yn hirach, yn fwy myngar a theimlaf fel cyw wedi cwympo o nyth.

'Pwy sy'n mynd i agor y drws, Mam?'

Cwataf fy llaw, sy'n crynu, yn fy mhoced. Y diawl bach, ti wedi sylwi. Paid â gwenu â dy lygaid. Mae fel tân ar fy nghroen.

3

Try rhywbeth yn fy stwmog fel neidr am gangen. Yr ochor arall i'r stafell wely mae Howard yn dodi ei dei amdano, dienyddiwr yn gosod rhaff. Ymbinciaf yn araf o flaen y drych â'r ymylon aur bwaog sy'n rhy fawr i stafell mor fach.

'Mae heno'n bwysig,' medd Howard.

Pan liwiaf flew fy amrant, plyg ymlaen, gan gau sip fy ffrog goch ac edrych ar fy mola. Ddwywaith. Dyw'r diawl ddim yn fy ffansïo rhagor. Dyna'r gwir. Dodaf fy lipstic arno, gan drial dala'r llaw cyn hwpo'r tafod mas a lluo'r wefus ucha.

'Shwd un yw e?' gofynnaf.

'Dyn urddasol. Barf wen.'

'Fel Siôn Corn?'

'Fel athro cerdd mewn prifysgol. Yn y cyfarfod yn y gogledd, pan siaradodd am hanner awr, roedd yn anhygoel.' Codaf fy llaw i gwato'r gapo; mae'r byd yn llawn o arbenigwyr, holltwyr blew sy'n cymryd mantais ar y bobol gyffredin. 'Dywedodd y dylen ni gael amcanion clir.'

'Diddorol.'

'Roedd ei ateb mor syml . . . '

'Ond synnwyr cyffredin yw . . . '

'Doedd neb wedi meddwl amdano o'r blaen.'

'Mae rhai pobol yn dalentog o dwp.'

Mae'n cyffwrdd â'm hysgwyddau. 'Ti'n iawn?' Amneidiaf. 'Rwy'n moyn iti fod yn llawn o hwyl heno. Bydd hwn yn gyfweliad anffurfiol ar gyfer swydd y rheolwr rhanbarth. Pa win sy 'da ni?'

'Coch.'

'Rwy'n gwbod 'ny. Pa fath o win coch?'

'Bordeaux Supérieure.'

'I'r dim. On'd y'n ni'n lwcus i fod 'da'n gilydd?' Edrychaf i lawr. Arglwydd, dim nawr, plis, dim fan hyn. Alla i ddim help; ers wythnos mae'r dolur yn ddŵr sy'n hwyddo nenfwd. *ceiling*

'Beth se Siôn . . . wedi cael ei ladd?'

'Siapa dy stwmps, byddan nhw 'ma mewn pum munud.' Cerdda at y drws. Caeaf fy llygaid yn dynn, gan sefyll am yr arwydd lleia, cyffyrddiad ysgawn, unrhyw beth, briwsion priodas hir. Ody e'n ormodd i'w ddisgwyl? Chwardd angylion yr ymylon aur ar fy masgara'n llifo.

* * *

Pesychaf. I bob bwrpas, dwi ddim yn bod. Pan ddodaf y ddau gwpan coffi ar y ford fach, gwena'r ddau ar ei gilydd yn y cadeiriau lledr du.

'Sigâr?'

'Diolch.'

'Havana?'

'Dim ond y gore.' Llymeitia'r ddau eu gwin coch yr un pryd.

'Dyn y Dadeni y'ch chi,' medd Mr Mathews. 'Rwy'n hoffi'r llyfrgell.' Ar hyd saith silff hir mae'r llyfrau rheoli, cyfrifiaduron, strategaeth a marchnata wedi eu rhannu'n drefnus. Safaf wrth y llenni. Gweinyddes yn sefyll am orchymyn.

'Mae egwyddorion yn bwysig,' medd Howard, 'ond mae gweithredu'n bwysicach.'

'A beth am waith tîm?'

'Rwy'n cytuno â rhai o'r syniade diweddara o America ond nid pob un. Yn y bôn, mae angen arweiniad cadarn, rhywun sy'n gallu gyrru popeth ymlaen.'

'I'r dim.' Tyn yn fodlon ar ei sigâr tra bod Howard yn drachtio'i win.

'Esgusodwch fi.' Dwi ddim am sbwylio'r eiliadau mwyn. 'Mae Mrs Mathews ar ei phen ei hun.'

'Cau'r drws,' medd Howard yn ei lais rheolwr rhanbarth. Gwenaf. Mae rhan ohono i'n gobeithio ei fod yn tagu ar ei sigâr.

'O'dd dim eisie ichi . . . ,' meddaf wrth lenwi'r tecil.

'Platie?' Pwyntiaf at silff waelod y cwpwrdd ar ochor chwith y ffwrn. Cwyd Mrs Mathews a phwyso yn erbyn y sinc. 'Shwd oedd Howard pan ddaeth e'n ôl o'r gogledd?'

'Wedi blino. Yn rhacs.'

'Pam?'

'Dwi ddim yn deall.'

'Chi'n ei drystio fe?' Mae ei hwyneb yn rhy agos at fy wyneb.

'Wel . . . '

'Chi'n gwbod beth? Mae Lynn wedi crwydro oddi ar y llwybr cul sawl gwaith, ugain gwaith os nad mwy. Y tro cynta oedd yn Llandudno ddeng mlynedd yn ôl. Wrth heneiddio, chi'n dod i nabod y celwydde sy fel nwydde ffug.'

Ailferwaf y tecil. 'Mae'r dynion yn sefyll amdanon ni.'

'Peidiwch â chamddeall. Dwi ddim yn hau hadau amheuon.'

'Wrth gwrs.'

Pan gerddwn i mewn i'r parlwr, cwyd Mr Mathews a chusanu fy llaw dde. Mae rhywbeth am y boi hwn; mae ei ddannedd yn rhy wastad ac yn rhy wyn. Yng nghefn fy meddwl mae rhywbeth yn cnoi. Os yw hwn yn ein gwahodd i ginio yr wythnos nesa, weda i fod y dyddiadur yn llawn. (Sdim un i ga'l.) 'Beth am agor potel arall?' awgrymaf.

Gwena Mr Mathews. 'Syniad gwych,' medd Howard. Dere, Howard, rhyw ddiwrnod byddi di'n gorfod gwneud penderfyniad pwysig dy hun.

'Mae potel ar ei hanner yn y gegin,' medd Mrs Mathews sy'n gadael y stafell cyn imi ddweud dim. Caton pawb, pam na wnewn nhw symud i mewn? Safaf yn dawel wrth y llenni.

'Sôn am gadw'n iach o'n i,' medd Howard. 'Bob dydd rwy'n cerdded am ddwy filltir, unrhyw dywydd, yntefe, Elsie? Alla i ddim godde bod yn y tŷ drwy'r amser. Mae'r awyr iach yn dda

22

at y pwysau . . . '

'Pwysau?' medd Mr Mathews, gan rwto'i fola mawr.

'Pwysau gwaith,' meddaf. Ar y gair daw Mrs Mathews yn ôl a chydiaf yn y botel.

'Rhagor o win?'

Mae'n dodi ei llaw dros ei gwydryn. 'Dim i fi. Rwy'n gyrru.'

'Mae Dave, yr ifanca, yn naw mlwydd oed ac yn dwlu ar redeg draws gwlad,' medd Mr Mathews.

'I'r ysgol?' gofyn Howard. Oedaf. Mae ar fin dweud rhywbeth mawr, fod y crwt yn rhedeg i Gymru, fod y crwt wedi torri record, ond yr un pryd sigla'r walydd am fod lorri fawr yn mynd heibio.

'Duwedd mawr!' Edrychaf ar geg agored Mrs Mathews.

'Paid â sefyll fel delw, Elsie. Cer i ôl clwtyn yn glou.'

'Dros ei drwser gore.'

Pan ddof yn ôl o'r gegin, mae Mrs Mathews yn ei chot minc a Howard yn diffodd sigâr Mr Mathews yn y blwch llwch. 'O'n i'n meddwl fod y tacsi'n dod am hanner awr wedi deg,' medd Howard. 'Wnethoch chi fwynhau'r pryd?'

Edrych Mr Mathews ar ei wraig sy'n estyn ei got iddo. 'Mae'r noson wedi bod yn . . . wahanol,' medd hi. Egyr ddrws y ffrynt.

Estyn Howard lyfr i Mr Mathews. 'Gewch chi fenthyg hwn.'

'Dim diolch.'

'Llyfr diweddara Kessler, yr awdurdod mawr ar strategaeth.'

'Mae'r wybodaeth yn dyddio mor gyflym.' Safaf tu ôl i'r llenni. Pam na ei di am dro, Howard, i gael awyr iach, i anghofio am y cwbwl? Pwy ddiawl maen nhw'n meddwl y'n nhw? Mae'r glwyd ar agor o hyd a llifa'r dail brown i mewn.

* * *

Chwarae teg, mae Howard wedi mynd yn syth at y fferyllydd i brynu aspirin cryf. Saif fel dyn dierth wrth ddrws y stafell wely.

23

Pan estynnaf fy llaw o'r gwely, saif yn stond am fod rhywbeth yn ein cadw ar wahân, rhwyd anweledig. Trof i wynebu'r wal. 'Cer i ôl gwydraid o ddŵr, cariad. Mae fy mhen bron â hollti.'

'Paid â whare blydi gêmau 'da fi.'

'Gan bwyll, Howard, pisho dryw yn y môr yw hyn.'

Uwch fy mhen mae fel aderyn ysglyfaethus. 'Unwaith mewn bywyd mae cyfle fel hwn yn dod.' Troaf yn ôl at y wal. Dewisais y lliw llwyd ar ddiwrnod gwlyb yn B&Q pan o'n i newydd ddyweddïo, yn gwisgo'r fodrwy'n falch. Fy ffrindiau i gyd yn genfigennus. Dim ond nodio wnaeth e yn y cefndir tra o'n i'n talu a chellwair â'r fenyw tu ôl y cownter, Sheila James, oedd yn yr un dosbarth â fi yn yr ysgol fawr.

Llwyd, lliw addas. Dros y blynyddoedd mae'r paent wedi colli'i liw. Teimlaf y wal anwastad a'r paent rhad. Sudda fy nghalon; rwy'n amau, yn gwbod, fod Howard, ers dechrau ein priodas, wedi bod yn sefyll am yr eiliad hon. Yr eiliad ofnadwy hon. Hyd oni wahaner ni gan angau. Mae'r paent yn whalu'n blu eira yn fy llaw.

'Ti'n dod i'r gwely? . . . Rwy'n flin.' Rhywbeth arall, Elsie, y tywydd, y bwyd, y dyfodol.

Cerdda o gwmpas y stafell, dyn ar lôn ganol nos pan mae golau car yn ei ddallu. 'Welaist ti ei lygaid e? Baglais i wrth y glwyd ola.'

'Na. Howard!' Clywaf draed yn rhedeg i lawr sta'r. 'Ble ti'n mynd?'

'Mas.' Pam wnei di ddim troi i dy lais-croten-ysgol a dweud dy fod yn becso dy enaid rhag ofon y daw yn ôl yn hwyr? Drws yn cau'n glatsh. Llonyddwch yn drwch drwy'r tŷ. All dim ei lenwi.

Mae rhywbeth mas o reolaeth, olwynion yn troi'n glouach, awyren yn plymio'n is, yn ddi-droi'n-ôl, a'r peth gwaetha yw peidio â'i dderbyn. Wyt ti'n cofio? Mam a fi mewn car ar ôl cyngerdd ysgol fach ar noson heb leuad. Gweld golau coch yn symud fel golau cerbyd trên, rhwng Caerffili a Chaerdydd. 'Rasia fe, Mam.' Er iddi wasgu ei throed i lawr, roedd fel Pwyll yn cwrso Rhiannon.

Diflannodd y golau. 'Mae yn y twnnel,' meddai Mam. 'Os yw'n trafaelu ar gyflymder o gan milltir yr awr, bydd e mas mewn deg eiliad.'

Pwysodd ymlaen, yn barod i ailgydio yn y ras. Ddaeth y golau ddim. Trodd Mam i mewn i gilfach a stopio'r car. 'Rwy'n moyn whilo,' meddwn ond daliodd fy mraich yn dynn.

Carwn i fynd i gysgu ond mae injan y meddwl yn troi.

4

Dim ond un ateb sy i'r gofid sy'n cnoi. Alla i ddim siarad â Howard: bob tro rwy'n moyn siarad, yn dawel ar ddiwedd pryd o fwyd, tania ei lygaid, ac mae'n gweiddi: 'Ti'n werth dim.' Rwy'n amau ei fod yn dweud y gwir. Wedi'r cwbwl, mae wedi mynd â'm cerdyn credyd a galla i fyth fynd i'r banc i ofyn am un arall achos bydden i'n cochi wrth faglu dros fy ngeiriau. Mae'r diawl yn gwbod hynny. Mae'n nosi'n glou, y golau'n pylu dros y Garth fel ar lwyfan. Ganllath o'r pentre cyflyma'r bws a bron â chrafu'r bont reilffordd. Neu y fi sy'n dychmygu hynny? Ers y ddamwain mae'r ofon yn greadur o'r gofod yn tyfu'n glou, yn newid siâp, mewn amser byr. A ddof i mas o'r twnnel? Mae'r gyrrwr ar ras, y bws yn symud o hyd wrth imi ddisgyn.

O leia mae'n dawel yn y stafell aros ble mae rhes o hen fenywod yn eu cotiau glaw gwyrdd a glas yn darllen ôl-rifynnau o *Woman's Own* ar wahân i fenyw ganol-oed ar y chwith. Gwenaf arni.

'Yn falch i gwrdd â chi. Mrs Hammond.' Mae ei hwyneb yn grwn ac yn onest. 'Digwyddodd rhywbeth y llynedd na fydda i fyth yn dod drosto fe. So i'n nabod chi ond sdim ots. Roedd yn wthnos dwym, Ha Bach Mihangel, a fi'n palu'r ardd pan ganodd y ffôn. Marwodd y gŵr a'r mab yr un wthnos. Damwain car ar yr A470 ger Nantgarw.'

'Rwy'n flin.' Pan welaf ei llygaid yn dwrhau, cydiaf yn ei llaw oer. 'Os yw pobol ddierth yn rhannu gofid, mae gobaith . . . '

'O's. Odych chi'n becso am rywbeth?' sibrwd hi.

'Wel . . . '

'Mae golwg becso arnoch chi.' Mae ei llygaid yn whilo am unrhyw gliw. 'Byddwch yn onest, fenyw.'

'Chi'n dod o'r ardal?' Nage hwn yw'r amser i rannu cyfrinach achos yng ngwaelod yr isdyfiant mae rhywbeth y tu hwnt i gyrraedd llaw.

Edrych i'r dde a'r chwith cyn i'w dwylo esgyrnog godi bag du lledr ac agor potel fach frown. Ar y dde symuda menyw ei phen-ôl mawr yn araf tra sudda ei phen yn ddyfnach yn ei chylchgrawn.

'Y rhein sy'n fy nghadw i'n gall,' medd Mrs Hammond. 'Cymerwch un. Mae'r cymdogion i gyd yn eu canmol.'

'Chi ddim yn . . . ?'

'O fewn rheswm. Os na allwn ni helpu'n gilydd, beth yw pwynt bod ar y ddaear 'ma?' Dau ganiad cloch clir sy'n whalu'r llun yn fy meddwl o Mrs Hammond yn fetron a rhes o gymdogion yn gywion â'u cegau ar agor, yn barod i dderbyn eu bwyd beunyddiol.

'Chi'n iawn?' gofyn Dr Johnson, dyn canol-oed â gwallt du heb ei gribo.

''Swn i'n iawn, bydden i ddim 'ma, doctor.' Mae'n edrych arna i'n fanwl wrth sugno mint, ond all y gwynt ddim cael gwared ar fwg y sigarét na'r wisgi. Dyw hyn ddim yn hysbyseb dda i'r Gwasanaeth Iechyd, doctor, na'r llun o Fannau Brycheiniog sy'n hongian yn gam ar y wal fel het Dai Bando ar ongol herfeiddiol wrth adael y Frenhines Fictoria.

'Ga i'ch helpu chi?'

'Mae rhywbeth . . . yn cnoi tu mewn.'

'Iawn.' (Na, doctor, dyw e ddim yn iawn.) 'Tynnwch eich cardigan . . . gewn ni olwg ar y pwysau gwaed, ife?' Chwydd y gwregys ar fy mraich. 'Cysgu'n iawn? Byta'n iawn? . . . '

'Na.'

Pwysa ymlaen yn ei gadair. 'Dim problem. Mae angen i chi ymlacio fwy. Gofynnwch i'r gŵr roi mwy o faldod.' Mae gwên hurt ar ei wyneb. Edrychaf yn syn. 'Swn i'n moyn gwylio digrifwr ar lwyfan, byddwn i'n prynu tocyn i'r Coliseum.

'Chi ddim yn deall, doctor. Mae rhywbeth mawr yn bod. O'r blaen o'n i'n llawn sbri ond nawr . . . ' Teimlaf ei law'n rhwto fy arddwrn cyn iddo sgrifennu'r presgripsiwn heb edrych arna i a rhwygo'r papur yn ddau ddarn.

'Os oes problem, dewch yn ôl.'

Yn y stafell aros mae Mrs Hammond wedi diflannu. Wn i ddim a yw hi'n cael gostyngiad am dderbyn cymaint o dabledi ond mae'r jôc yn troi'n sur pan welaf y rhes o wynebau fel sachau tato mewn stordy.

Pan gyrhaeddaf yr hewl fawr, crynaf. Pam ddiawl na wisgais i got gaeaf yn lle cot haf denau? Y rhagolwg yn y papur oedd tywydd braf, ond beth wedodd y dyn tywydd ar y teledu? 'Sdim dal, gall ias gydio'n annisgwyl.' Sefyll a sefyll wrth y safle bysys. Yn yr hen ddyddiau deuai bws bob hanner awr a stopio yn unrhyw le os oedd teithiwr yn codi llaw. Wrth fy nhraed, dawnsia'r dail yn wawdlyd dros wydrach cyn i sŵn lenwi'r hewl, criw o lanciau ochor draw yn cerdded heibio, yn whibanu. Cochaf. Mae un yn gwneud awgrymiadau gyda'i fraich. Trof fy nghefen.

Pan ddaw'r bws, Duw a ŵyr pryd, y fi yw'r unig deithiwr. Lan a lawr y tyle a rownd y troadau, gyr yn glou nes i'm meddyliau fwrw tin dros ben, nes imi bron â hwdu. Cydiaf yn dynn. Mae cefen y sedd yn dyllau fel geiriau cysur y doctor.

* * *

Heno sdim byd all fy nala i'n ôl. Dim. Chi erioed wedi teimlo fel hyn? 'Co Howard yn yr ardd yn esgus ei fod yn fishi, yn troi'r biben ddŵr i bob cyfeiriad a'i wep fel talcen tŷ. O'r diwedd, mae 'da fi rywbeth i anelu ato. Rwy'n siŵr fod y diawl yn genfigennus er na fyddai fyth yn cyfadde. Mae'n ormodd o ddyn.

Yn y gegin gwenaf yn y drych wrth edmygu'r cyrls golau gafodd eu gwneud yn Siop Sandra neithiwr. O diawl, mae blewyn du uwchben fy ngwefus ucha. Er mwyn dyn, paid â'i

28

dynnu fe rhag ofon y bydd yn tyfu'n fwy. Callia, wnei di? Mae bywyd yn rhy fyr. Bydda i'n well mewn munud achos ar y ford mae gwydryn llawn dŵr a dwy dabled fach wyrthiol sy wedi altro fy mywyd. Rwy fel claf sy'n marw yn ca'l pum mlynedd arall. Ar ôl llyncu'r ddwy daw'r lliw yn ôl i'm bochau.

'Faint?' Saif Howard wrth y drws.

'Faint o'r gloch yw hi? Faint fydd yn y gynulleidfa?'

'Faint o dabledi?'

'Pedair, pump. Sdim ots. Sdim niwed ynddyn nhw. 'Na beth wedodd y doctor.'

'Nage fe sy'n gorfod byw 'da ti . . . ' Golch ei ddwylo o dan y tap a'u sychu cyn eistedd yn y gornel ac ailgydio yn y papur. Darllen y dudalen gefen yn gynta, am fod hynt a helynt Tîm Rygbi Pontypridd yn bwysicach na dim. Ond dyw hi byth yn rhy hwyr, meddyliaf; wn i ddim a wyf wedi colli'r hen ddawn neu beidio. Pan o'n i'n caru ro'n i'n arfer cael popeth o'n i'n moyn, yn y gwely a thu fas. Bydd yn rhwydd ail-greu rhai o'r hen atgofion sy byth yn diflannu.

'Beth ti'n neud?' Eisteddaf ar ei arffed, yn whare â'i wallt. 'Paid.'

'Gwranda, dere 'da fi heno.' Cusanaf ei foch a rhwto'i war yn ysgawn.

'Cyfarfod mawr. Alla i ddim canslo.'

'Ond fy noson i yw hon.'

'Ti ddim yn gwbod eto.' Pam edrychiff e ddim arna i? Sudda fy nghalon; dros y blynyddoedd rwy wedi troi'n droednodyn, yn ganlyniad ras geffylau hwyr ar waelod tudalen. Paid, Elsie, cofia'r cyngor yng ngholofn y cylchgrawn menywod wythnos yn ôl. Llanw dy feddwl â gobaith, fel agor llenni a gadael i heulwen foddi stafell llawn llwch ar ôl parti drwy'r nos.

'Ti'n mynd i golli uffarn o noson fawr.' Mae'r gloch yn canu. Oedaf cyn codi a mynd at ddrws y ffrynt. Dan, y dyn tacsi, sy 'na.

''Na bert chi'n dishgwl.'

'Diolch, Dan. O leia mae rhywun yn sylwi.' Trof yn ôl a

gofyn: 'Smo ti'n mynd i ddweud pob lwc, 'te?' Cwyd ei law dde cyn cau'r drws.

'Rwy'n hoffi'r persawr newydd,' medd Dan wrth danio'r injan. Sylwaf ar gysgod Howard tu ôl i ffenest y drws. Dyw e erioed wedi gwneud hyn yn y cyntedd. Cribo'i wallt. Dwi ddim yn gwbod pam, ond dychmygaf ei fod yn gwenu yn y drych.

* * *

Wrth fynedfa'r neuadd fawr saif dyn byr, tew. Beth sy'n bod arna i? Ar noson fawr rwy'n whilmentan drwy fy mag, yn dangos fy holl neisiedi mochedd. Gwena'n fuddugoliaethus. 'Alla i ddim gadael chi i mewn.'

'O's problem?' Y cyfarwyddwr o Gaerdydd sy'n estyn ei fraich a chydiaf ynddi a mewn â ni fel pâr priodasol. Gwenaf ar y dyn byr, tew sy'n edrych fel 'se fe'n cael pwl o ddolur rhydd. Wrth eistedd wrth y ford flaen, cochaf.

'Rwy'n flin.' Rwy wedi demshgil ar draed mawr dyn moel yn ei bum degau sy'n cyflwyno ei hun, y cyfarwyddwr o Lundain. Gwingaf. Mae ei geg yn llawn o gnau.

'Chi'n iawn?'

'Lensys newydd.' (Y gwir yw mod i'n ofni y bydd cneuen yn taro fy llygaid.)

'O ble chi'n dod?'

'Treorci.'

'Rwy'n dod o Bontypridd.' Ond mae'n swnio fel rhywun fuodd yn Ysgol Harrow ac a olchodd staeniau ei dafodiaith i lawr twll y plwg. Ar ei dei melyn mae staen gwin coch. 'Mae'r paratoadau wedi bod yn fanwl,' medd y dyn moel cyn troi i siarad â'r fenyw wrth ei ochr. Ei wraig? Walle. Mae hi wedi pwdu am fy mod i'n cael sylw. Fi o bawb. O gwmpas y ford mae saith, tri phâr fel pwll y môr a fi'n llymeitian gwin coch. Y mwya rwy'n oedi, y mwya rwy'n yfed.

Paratoadau manwl? Mae'r rhosys ar y ford yn gwywo, y llenni piws ar y llwyfan yn llawn llwch ac ar y rhaglen maen nhw wedi camsillafu Cosslett, heb y 't' ychwanegol. Ond 'na ni, y nhw sy'n gwbod orau, y nhw feddyliodd erioed am tsiecio ar y ffôn.

Pan edrychaf yn ôl, gwelaf Denise a Thelma yn y canol, chwe bord tu ôl imi, Denise yn codi bys bawd a Thelma yn codi'i gwydr, yn wherthin heb eisie. Wn i faint mae hi wedi yfed yn barod. 'Byddi di'n iawn,' medd ceg Denise fel mam wrth groten sy ar lwyfan eisteddfod gylch am y tro cynta. Pan ostynga'r golau a'r siarad gwyliwn y fideo ar sgrin fawr, y delweddau slic, y geiriau a'r canu roc grymus. A bod yn onest, mae'n rhyfeddol beth y gall rhywun ei ddweud am hanner awr am siop gwerthu-carpedi. Y neges glir yw bod neb yn siomi'r tîm.

Mae mwclis y tair menyw arall yn disgleirio a theimlaf fel baw wrth eu hochor yn fy mroetsh hen ffasiwn, yr un ar ôl Mam. Ond mae un cysur: byddai hi'n falch mod i wedi cyrraedd mor bell â hyn. 'Y cymryd rhan sy'n bwysig,' meddai'n wastad.

'Mae'r lle'n orlawn,' medd y dyn moel. Nodiaf. Edrych pawb arna i'n ddisgwylgar ond codaf fy ngwydryn ac edrych ar y llwyfan. So chi'n deall. Dwi ddim yn moyn gwneud ffŵl o'n hunan. Alla i ddim cynnig sylw gwreiddiol: dyw e ddim ynof i, rwy'n fenyw gyffredin o'r Cymoedd, fel miliynau drwy'r byd, broc môr y ddynoliaeth.

Ar ôl i'r miwsig ddod i ben cerdda dyn tal gosgeiddig lan y sta'r i'r llwyfan, a phan gwyd ei law daw'r clapio i ben. 'Noswaith dda. Yn gynta, croeso mawr i'n gwesteion sy wedi teithio o Lundain, gogledd Lloegr a phob rhan o Gymru. Mae'r cwmni'n datblygu'n gyflym a braf gweld cynifer o gystadleuwyr addawol eleni. Mae'r Bwrdd am imi bwysleisio fod y safon eleni yn well nag erioed.' Daw'r clapio i ben wrth iddo agor amlen.

'Menyw arbennig sy'n ennill Gwobor Gweithiwr Siop y Flwyddyn. Gall pawb ddibynnu arni, sdim ots pa mor fawr yw'r broblem. Mae hi fel arian byw: dyw hi byth yn sefyll yn stond. Yn fwy na dim, mae ganddi gof anhygoel am y manylyn lleia. Mae ei gweledigaeth yn glir. Dyma nodweddion yr enillydd, Elsie Cosslett.'

Sigla fy nghoesau. Rywsut cyrhaeddaf y llwyfan. Er ei fod o fewn troedfedd, mae llais y dyn tal yn wan. Y peth mwya yw pwy mor gryf mae'r goleuadau ar y llwyfan a pha mor niwlog yw wynebau'r gynulleidfa o dan gymylau mwg sigarét. Codaf fy llaw at fy llygaid. Teimlaf fel carcharor pan yw drws yn agor ar ôl pythefnos o dywyllwch. Beth sy'n digwydd nesa? Mae'n aros i fi ddweud rhywbeth. Maen nhw i gyd yn aros.

'Nage gwobor i fi yw hon ond . . . gwobor i bawb. Roedd y fideo'n sôn am waith tîm. Gallwn i ddim fod wedi gwneud hyn ar fy mhen fy hun . . . alla i ddim credu fod hyn yn digwydd . . . diolch i bawb, yn fwy na neb, diolch i Howard, heb ei gariad a'i gefnogaeth, fyddai hyn ddim wedi digwydd . . . '

Mae gweddill y geiriau'n diffodd fel roced ail-law ar Noson Guto Ffowc. Pan gyrhaeddaf y ford cwyd y tri dyn i fy nghusanu ar y ddwy foch a gwenaf ar y menywod mwclis disglair y mae eu llygaid yn llawn cenfigen.

'Ble chi'n byw?' gofynna'r dyn moel. Yn sydyn, mae pawb yn dangos diddordeb yn fy mroetsh, fy ngwallt, fy ffrog. Gyda gwydraid o win coch, af i'r tŷ bach i gael fy ana'l yn ôl. Wedyn, wrth y ford, magaf y cwpan am hanner awr cyn ei ddodi'n saff o dan y gadair.

* * *

Codaf yn araf o'r gwely a gweld y sgyrt, y flows a'r got sy wedi eu twlu bob siâp ar y llawr. Mae fy mhen yn hollti. Pryd des i'n ôl? Un, dau . . . Mae fy llwnc yn sych fel corcyn ac yfaf o'r tap yn y stafell molchi. Iesu, mae golwg arnat ti. Fel corff. Mae'r ford wrth waelod y sta'r yn wag. Yn llesg, llusgaf fy nghorff i lawr y sta'r a whilo'r llefydd cyfarwydd, bord y stafell fyw, y cwtsh dan sta'r. Cofiaf yfed siampaen mas ohono fe, a Jac y Gofalwr yn ei ddodi ar ei ben ond . . . Mae un lle ar ôl, y ford yn

32

y parlwr ble mae llun ein priodas, llun Siôn, ble mae anrhegion Nadolig yn cael eu dodi. Na. Dim byd.

Pan eisteddaf ar waelod y sta'r, dechreuaf gasáu fy hun am fod fy ngwallt yn seimllyd, am fy mod wedi gadael fy hun i fynd.

Mae'r ffôn yn canu. 'Rwy'n flin i'ch poeni,' medd y llais swyddogol. 'Mae rhywun wedi dod o hyd i gwpan . . . mewn ffynnon tu fas i neuadd y cyngor. Eich enw chi sy arno fe. Dewch i'r dderbynfa i'w nôl e, os gwelwch yn dda, cyn hanner awr wedi pedwar.'

Ciliaf i'r gegin. Alla i ddim eu hwynebu heddi, y wherthin, y gwawdio, y pwyntio bys. Safaf ar ben stôl, agor y cwpwrdd a whilo drwy'r silffoedd. Cerddaf yn ôl ac ymlaen, gan gyffwrdd â'r gwresogydd twym.

Mae fy nghorff fel iâ. Ble mae'r tabledi? Sdim byd yn eu llefydd arferol. O's lleidr wedi bod drwy'r tŷ?

5

Rwy'n gorfod dodi rhywbeth i lawr ar bapur. Sdim dewis arall.

Ar gau yr oedd y llenni o hyd. Cnoi, llyncu a phoeri: roedd yr afal wedi bod yn y rhewgell yn rhy hir, yn bwdwr. Ymlaen â'r gêm, 'Fe welaf i â'm llygad bach i', esgus bod yn ddau berson, yn cael hwyl, un yn dweud gair yn dechrau ag 'll' a'r llall yn esgus nad oedd yn gwbod, yn whilo mewn niwl.

Ro'n i'n iawn nes i'r gwynt godi. Y llenni'n siglo fel se Mrs Norris, Rhif 23 ochor draw, tu ôl iddyn nhw, y fenyw sy'n 'cywiro ei llenni piws bob dydd', drwy'r dydd. Mae mor fishi fel y gallai gywiro Tapestri Bayeux ar ei phen ei hun mewn wythnos.

Wrth feddwl am ei hyd a'i lled, mae'r wherthin yn marw. Stwmog yn troi am fod adenydd yn ysgwyd. Gwelais ben diolwg aderyn wedi'i ddala mewn stafell, yn hedfan mewn cylchoedd llai, ar onglau dwl, fel balŵn yn byrstio, ei big yn tyfu'n fwy, ei lygaid yn hwyddo, yn hurt. Ro'n i'n moyn dianc. Roedd fy nhraed yn sownd wrth y llawr fel lorri ar groesfan tra oedd trên yn rasio ati, yn atseinio ar y cledrau fel curiad gwaed.

* * *

'O's rhwbeth yn bod?' Llais siwgrllyd. Siglaf fy mhen. Yn y feddygfa mae gwynt y wisgi'n troi arna i. Mae'n edrych ar y ffeil cyn codi'i ben fel prifathro, yn sefyll i blentyn ateb ei gwestiwn. 'Mae rhywbeth ar eich meddwl.' Esgyrn Dafydd, mae hwn yn glou; gas e radd mewn seicoleg? 'Chi'n gofidio?'

'So i'n gwbod beth sy'n digwydd i fy nghorff.'

'Gan bwyll.'

'Mae popeth mas o reolaeth.'

34

'Peidiwch â siarad fel hyn.' Gwên, gwên filwrol. Pwysaf ymlaen am ei fod yn torchi llewys cyn sgrifennu. Ar y wal tu ôl iddo mae rhes o dystysgrifau a lluniau ohono o'r papur newydd sy'n awgrymu dau beth: naill ai mae'n gwbod ei stwff neu mae rhywbeth o dan yr wyneb, pry yn y pren. Ody e'n amau ei hun tu ôl i'w wên? Oes craciau yn y wal? Os yw hynny'n wir, gall fod yn fendith. Heb y craciau all e ddim cydymdeimlo.

'O's rhywbeth mawr yn bod?'

'Fyddwn i fyth yn gwneud dolur i chi . . . ' Cwyd ei lais cyn diwedd y frawddeg sy bron â throi'n gwestiwn. Rwy'n moyn tynnu ei wallt. Edrychwch arna i, ddyn, pan y'ch chi'n siarad â fi. Rwy'n gig a gwaed, nage pryfyn. 'Cewch chi dabledi newydd,' medd yn addfwyn. Mae'n edrych lan, estyn y papur imi, a gwasgu'r botwm.

'Fydda i'n gwella?'

'Bydd y tabledi'n gweithio.'

'Odw i'n edrych fel rhywun sy newydd gael cewyn ar fy mhen-ôl?'

'Dwi ddim yn deall.'

'Rwy'n flin, doctor. Dyna'n gymwys beth wedoch chi'r tro diwetha. Dwi ddim yn moyn dibynnu arnyn nhw . . . am byth.'

'Rwy wedi darllen yr adroddiadau. Maen nhw'n saff.' Pan gwyd a chydio yn fy llaw, mae ei lygaid yn agos at fy rhai i, llygaid glas golau. Gallwn i foddi ym môr y llygaid hyn. 'Dim niwed. Rhaid i chi ymddiried ynddo i,' medd y doctor wrth fy hebrwng i'r drws. Triniaeth arbennig y tro hwn. 'Os yw'r peth lleia'n eich becso, dewch yn ôl . . . '

Pan gerddaf at y safle bysys, gwenaf. Mae'r cyngor wedi cael tröedigaeth, y llythyron diweddar yn y papur wedi pigo'i gydwybod, y cwynion fod twristiaid ddim yn dod. Ond, erbyn meddwl, dim ond y rhai sy ar goll rhwng Caerdydd a Bannau Brycheiniog sy'n stopio fan hyn. Fel arfer, lle pasio-trwyddo yw hwn. Am y tro cynta mae'r pafin a'r hewl yn lân a bin sbwriel newydd yn y safle yn lle'r un melyn oedd wedi troi'n dwlpyn di-siâp.

Os yw'r cyngor yn gallu siapio'i stwmps, galla i hefyd. Bwra bant yr hen amheuon. Tyn bant y dillad sy yn dy gylch ers misoedd, sy'n rhan o dy gorff. Rho'r gore i'r nonsens hyn. Ti ddim yn llawn llathen. Y gwir yw hyn: pwy ddoctor sy'n gwneud niwed ar ôl i ti rannu dy gyfrinachau mwya? All perthynas sy bron yn sanctaidd fyth arwain at arbrawf ar gorff. Ddei di dros hwn.

Yr ochor draw mae ci'n siglo gwybed. Y tro hwn mae'r bws yn brydlon. Gwenaf ar yr hebryngydd. 'Noson braf.'

'Pwy y'ch chi 'te? Elsie, ife? O'n i ddim yn eich nabod chi.'

* * *

Roedd y doctor yn iawn. Ers tridiau mae fy meddwl, a arweiniai'r corff i lawr hewlydd un-ffordd, wedi bod yn well. Rwy'n gofidio llai am bethach fel Howard yn hala amser yn y stafell molchi er iddo ddweud ei fod wedi prynu powdwr arbennig i gael gwared ar staeniau sigarét ei ddannedd.

Daeth yn ôl o'r gwaith am bump o'r gloch.

'Ti'n moyn te?' Yr hen wên ddwl yw'r ateb wrth ollwng ei gês lledr a thynnu'i got hir. Dim cusan, dim ond claddu pen mewn papur. 'Wel? . . . Howard, ti'n gwrando?' Rwy fel ymwelydd yn siarad â'i gŵr yn y carchar, drwy ffenest.

'Ces i ginio mawr. Cleient pwysig.'

'Beth o'ch chi'n trafod?'

'Syniadau.'

'Pwy syniadau?'

'Iesu Mawr. Ti wedi darllen hwn? Menyw'n lladd ei gŵr ac yn claddu'r corff yn yr ardd.'

'Gallai fod yn rhybudd.'

'Roedd y corff wedi bod yn y ddaear am ddwy flynedd. Gaf i frechdan.' Dyw'r diawl ddim yn gwrando. Beth sy'n bod ar ddynion? Pam na allan nhw wneud mwy nag un peth yr un pryd? Lledaf fenyn ar doc o fara, nôl y ffowlyn o'r oergell ac

estyn i nôl mwstard o'r cwpwrdd bwyd. Wrth gerdded at y
soffa, llithraf. Tyr y plât yn rhacs a hed darnau o ffowlyn i bob
cyfeiriad. Cwyd yn sydyn. 'Paid â becso. Torra i frechdan.' Deil
fy mraich yn dyner a'm hebrwng yn araf i'r stafell fyw. 'Gei di
lonydd fan hyn.' Pan wenaf arno, mae'n edrych i lawr. Rwy'n
anesmwyth am fod y diawl yn rhy garedig, am fod dienyddiwr
yn fy hebrwng i'r crocbren.

O fewn hanner awr teimlaf yn waeth ar fy mhen fy hun.
Mae rhywbeth yn digwydd i fy nghorff: teimlaf bwysau mawr,
bad yn suddo'n araf, lefel dŵr yn codi. Druan o Howard, dyw e
ddim yn fy haeddu. Rwy'n ormod o faich, yn ei dynnu i lawr.
O's colled arna i? Tu fas rhua'r gwynt drwy'r coed. Rwy ar goll,
claf sy newydd gael newyddion drwg, yn gwbod fod y diwedd
yn dod. Pwy all fy helpu? Pwy fath o help?

Am saith daw Howard i mewn, yn whibanu cân ei hoff sioe
gerdd, *Oklahoma*. Symuda glustog i lawr, heb i mi ofyn, yn
erbyn gwaelod fy nghefn a gesyd lond plât o frechdanau mêl ar
fy nghôl. Mewn deng munud daw yn ôl.

'Odyn nhw'n flasus?'

'Ble ti'n mynd?'

'I'r clwb.'

'Siwt newydd?'

'Cyfarfod blynyddol.'

'Pryd ti'n mynd â fi mas?'

'Llonydd yw'r peth gore iti.' Cusana fi ar fy moch. Cusan
beiriannol. 'Cer i'r gwely'n gynnar achos gadawa i'n hunan i
mewn.'

Y diawl, ti'n gwbod mod i'n becso os wyt ti mas yn hwyr.
Pam fod dy lygaid yn goleuo cyn troi at y drws? Teimlaf awel
fain o rywle, gweld fy mron chwith yn y golwg a chau'r g'nos
yn dynn. Funudau ar ôl iddo fynd llyncaf dabled i leddfu'r lo's
yn fy nghorff, y pwysau mawr mewn sach lipa. Sdim bai ar
Howard. Ellwch chi weld wynebau ei ffrindiau yn y Clwb swn
i'n llefen y glaw heb reswm? A Howard yn cynnig rownd i
bawb i lenwi'r saib hir yn y sgwrs?

Y funud hon y cwbwl rwy'n moyn yw cyffyrddiad ysgawn, bysedd ar biano.

* * *

Anadlaf ochenaid hir pan egyr drws y ffrynt a chau'n dyner. Hanner awr yn ôl, pan o'n i yn nhir neb, rhwng cwsg ac effro, clywais i botel yn torri ar yr hewl fawr, menyw ifanc yn gweiddi a llanc yn rhegi. Troi a throsi ers hynny am fod llais y llanc yn dew, y gwynt yn ei dwlu i bob cyfeiriad. Mae'n dechrau gwrando; am y tro cynta ers misoedd dyw Howard ddim yn dodi'r golau arno pan ddaw i mewn i'r stafell wely. Gwenaf pan gerdda ar flaenau ei draed fel lleidr. Yr unig sŵn yw'r arian yn llithro o'i law ar y seidbord: digon o sbri wrth y bar heno, llond poced o arian mân.

'Ti'n hwyr.'

'Rwy'n flin, roedd y cyfarfod fel tragwyddoldeb . . . '

Mae ei droed dde fel iâ. 'Ti'n moyn potel dŵr twym?'

'Mae hwn yn well.' Pan yw'n cydio yn fy nghanol, mae rhywbeth yn toddi tu fewn.

'Diolch. So i'n gwbod beth wnelen i hebddot ti.' Ar yr hewl fawr cwyd y gwynt a siffrwd y dail. 'Ti'n fodlon cau'r ffenest? Howard?'

'Dim ond cwtsho, cariad. Wy'n lico pan wyt ti'n troi dy gefn.'

'Dim nawr, Howard. Rwy wedi blino.' Tyn fel ci wrth dennyn. 'Beth wyt ti'n neud? Rwy'n dost. Paid.' Tyn fy nicyrs i lawr nes iddyn nhw bron â rhwygo. 'Er mwyn y nefoedd, dwi ddim yn hwren.' Mae ar fy mhen i, ei ana'l fel ci a hen fwg sigarét yn ei geseiliau, ei freichiau a'i groen.

Pan briodon ni, roedd caru'n sbesial, bron yn ysbrydol. Heno mae wedi fy nhroi'n injan ddyrnu. Bodda ei chwys fy mhersawr, yr un brynais i yn siop Boots ar gyfer noson dawel. Cau llygaid. Gwingo. Mae'n llusgo drosta i'n llithrig heb owns o dynerwch yn ei gorff tew trwm.

'Rwy'n dy garu,' medd y llais dierth yn fy nghlust. Tu mewn mae rhywbeth yn rhwygo, rhwygo.

6

Ar y pryd ro'n i'n amau a oedd y penderfyniad yn iawn. Erbyn hyn, rwy'n falch.

Try'r hewl gysylltu'n ffordd ddeuol yr ochor arall i Bontypridd a newidiaf i'r bumed gêr yn y Vauxhall Cavalier coch newydd sbon. Nage'r cwpan oedd yr unig wobor; roedd tair mil o bunnau. Pwdodd Howard pan ddywedodd rhywun yn y gwaith wrtho fy mod i wedi cael mincyd miloedd o'r banc a phrynu car. Ond, Iesu, mae'r ias yn wyrth, y grym sydyn yn fy nwylo.

Yn sedd y teithiwr eistedd yr cyfarwyddwr mewn cot hir dywyll. Am ddau cytunais ar fyr rybudd i'w yrru'n ôl i Gaerdydd er y gallai'n rhwydd fod wedi dala trên sy'n teithio deirgwaith yr awr. Ond pwy wyf i i ofyn pam?

'Shw' mae'r gŵr?' Teimlaf ei lygaid ar fy llaw wrth i mi newid sianel y radio. Dyn miwsig clasurol yw hwn, nage dyn Radio Dau.

'Dwi ddim yn ei weld e'n amal . . . '

Am eiliad mae ei law yn cyffwrdd â'm pen-glin, cleren yn glanio ar ford. Pan drof, mae'n edrych drwy'r ffenest. 'Chi'n gorfod gwneud yn fawr o beth sy 'da chi. Cymerais i Cassie'n ganiatáol cyn iddi fynd . . . mor sydyn . . . ' Miwsig Chopin sy'n cyfeilio i'w eiriau. Cydiaf yn dynnach yn y llyw. Paid â dod yn nes ata i, meddyliaf, paid â llefen ar fy ysgwydd i.

Daw'r bwletin. 'Mae chwyddiant yn is a chyfraddau llog o dan reolaeth,' medd y newyddiadurwraig ifanc.

'Ti'n gwbod beth? Ers iti ennill y wobor mae'r cyhoeddusrwydd wedi bod yn anhygoel. Ry'n ni'n gorfod elwa ar hyn. Sdim byd yn llwyddo fel llwyddiant . . . Ti'n teimlo'n iawn?' Nodiaf. 'O's rhywbeth ar dy feddwl?'

'Oriau hir, y sêls, cwsmeriaid llet'with.'

Ry'n ni wedi cyrraedd cyrion Caerdydd, Cylchfan Coryton, a'r lorïau hir yn y lôn nesa'n hirach, yn drymach uwchben tegan bach fy nghar. Y troad nesa ar y chwith yw'r hewl goediog i'r Eglwys Newydd.

'Mae'r lle wedi altro gymaint ers pan o'n i'n grwt. Ti'n gweld y dafarn? Fan'na roedd ffatri fawr ddiolwg. Wnei di arafu?'

'Arafu?'

'Tri deg, Elsie, tri deg. Dwi'n gwbod dy fod ti'n moyn dangos pa mor glou yw'r car ond . . . ' Pwyntia at gamera cyflymder ar y chwith cyn croesfan.

'Wnewn nhw ddim ein stopio ni os y'n ni'n trafaelu tri deg tair milltir yr awr.'

Nesawn at ganolfan siopa. 'Mae angen datblygu'r siop carpedi.'

'Yng nghanol y dre y dylai fod, ar bwys yr orsaf bysys, yr orsaf reilffordd. Ar y cyrion, mae'n marw ar ei thraed.'

'Mae'n amlwg dy fod yn gwbod beth yw beth.' Rwy'n siŵr ei fod yn edrych ar fy nghoesau, a phan symuda ei law chwith, gwingaf tu fewn. Cydia yn ochor ei sedd. 'Gan bwyll . . . y gole . . . mae'n goch.'

Sgyrnygaf. Clywaf sgrech y brêc a gwynto'r rwber. Mae'r injan yn pallu pan yw'r golau'n newid. Cyrn ceir yn canu. Gedy gyrrwr ei gar, edrych arna i a siglo ei ben. Yn araf, codaf fy llaw ar y fenyw ganol-oed lipa oedd wedi dechrau croesi'r hewl. Pwysa yn erbyn postyn lamp. Cwyd y cyfarwyddwr ei dau fag archfarchnad oddi ar yr hewl a'i hebrwng hi'n garcus at fainc. Trof y ffenest i lawr. 'Alla i helpu?'

'Yn y swyddfa. Naw bore fory.' Try at lond dwrn o siopwyr. 'Rhowch ana'l iddi, er mwyn dyn.' Cerdda at giosg ffôn. Pam? I ffonio ambiwlans? Er ei bod hi'n fregus, yn ddol fach wedi'i gadael mas yn y glaw, dyw hi ddim wedi'i hanafu . . . Yn y ciosg try ei gefn arna i. Plygaf ymlaen yn fy sedd, yn fregus, yn fusgrell, yn falŵn wedi byrstio.

* * *

Beth ddaeth drosto i? Ar ymyl y gwely, crynaf. Am y Garth lleda'r niwl fel ana'l draig. Er imi lyncu dwy dabled yn syth awr yn ôl, dyw trwch yr ofon ddim wedi dadleth. Trof a sylwi fod potel dabledi a photel o wisgi ar y ford fach wrth ochor y gwely. Ffawd? Neges oddi uchod? Tu mewn teimlaf raff yn llacio, lorri'n llithro at ymyl craig yn ddi-droi'n-ôl. Dodaf ddwy dabled yn fy ngheg ac yfed diferyn o wisgi. Egyr drws y ffrynt. 'Mam, rwy wedi dod 'nôl!' Codi, poeri'r tabledi i'r fasged, a dodi papur newydd drostyn nhw. Gorweddaf. Dwi ddim yn berson dwfwn, ond try cwestiwn yn fy mhen: ody fy mab yn fy ngharu? Yn lle ateb clywaf got yn cael ei thwlu ar lawr, teledu'n cael ei switso ymlaen a rhewgell yn cael ei chau'n ddi-hid. Trof i edrych drwy'r ffenest. Sdim golwg o'r mynydd am fod y niwl yn gyfan.

'Ti'n iawn?' Rhed Siôn lan y sta'r nerth ei draed a'i geg yn drwch o jam. Cusan cyn cwtsh. Os yw curiad fy ngwaed yn rasio, mae ei eiriau'n araf. 'Pam set ti'n gweud . . . rhywbeth . . . pan ddes i i mewn? O'n i'n meddwl . . . fod rhywbeth . . . yn bod.'

'Wnei di fyth adael, wnei di?'

'Ble rwy'n mynd 'te, Mam? Ti'n rhoi lo's.' Gwasgaf ef yn dynn rhag ofn y bydd rhywun yn mynd ag e.

* * *

Estyn Howard ei freichiau. 'Rwy'n falch fod yr wythnos hon wedi dod i ben.' Rhwta'i fola cyn llyncu ei goffi. 'Da iawn, Elsie. Ti wedi fy synnu i. Hwnna oedd y pryd afu a winwns gore erioed. O hyn ymlaen, cei di goginio bob dydd.' Clod o'r diwedd ond clod meistr yn canmol morwyn. 'Golcha i'r llestri . . . '

42

'Na.' Casglaf y platiau o'r ford a'u cario i'r sinc.

'Ti'n iawn?'

'Wrth gwrs.'

'Ti'n dawel.'

'Odw i?'

Gwena. 'Sdim cyfrinach i fod, cofia, mewn perthynas iach.' Oedaf cyn bod llif y dŵr o'r tap yn llenwi'r llonyddwch a golchaf y platiau'n dawel. Edrychaf arno'n whare Solo wrth y ford, mor hapus ar ei ben ei hun. Dere, Elsie, siapa hi; diflanna'r gwg o'i dalcen. Cliriaf fy llwnc unwaith, ddwywaith ond edrych ar y cardiau o hyd. Ta beth wnei di, tro dy garden drosodd yn dyner.

'Gwranda.'

'Ie?'

'Rwy'n gorfod siarad 'da ti.'

'O, ie?' medd y llais a'r llygaid chwareus.

'Sdim jobyn 'da fi.'

Cwyd ar ei draed. 'Beth?'

'Dim . . . '

'Pryd . . . ?'

'Y bore 'ma.'

'Pam?'

'Roedd y cyfarwyddwr yn y car. Collais i reolaeth . . . '

'Beth oedd y rheswm iawn?' Pan godaf fy ysgwyddau, teifl ei blât i mewn i'r sinc cyn eistedd yn ei gadair, ond mae gormod o gryndod yn ei gorff. Fel bwystfil yn whilo am ysglyfaeth, egyr ddrâr ar ôl drâr a gadael pob un yn agored. Sguba lestri oddi ar y ddresel. Torran nhw'n rhacs jibidêrs.

'Stopia, wnei di? Ti ddim yn gall.'

Try ei ben ar ongl, fel hwrdd. 'Ble maen nhw?' Difera poer o'i geg. 'Ble maen nhw?'

Cydiaf yn dynn yn ymyl y ford. Beth ar y ddaear wyf i'n neud yn y stafell hon, yn y berthynas hon, yn y byd hwn? Helpa fi, Dduw, am fod anifail gwyllt wedi dianc o'r sw. Yn fuddugoliaethus, saif o flaen bord fach y teledu â photel yn ei law. Rhedaf heibio ond cornela fi a tharo fy nhalcen. Cwympaf. Teimlaf waed ar fy ngwefusau. Pan estynnaf fy llaw, pwnia fy mronnau a'm bola. 'Hyd oni wahaner ni gan angau . . . ' Plyg i lawr. Pwnia ei ddwrn fy nhrwyn; fy mhen sy'n troi, awyren mas o reolaeth, yn plymio i'r dyfnderoedd . . . O Dduw, pryd ddaw hyn i ben?

Estyn ei law. Oedaf. Dwsin o dabledi sy yn ei law dde, rhai pinc pert allai addurno cacen briodas.

'Llynca nhw, yr ast.'

'Na.' Hwpa'r tabledi i mewn i'm ceg. Pesychaf. Ar y llawr gorwedd rhai o'r tabledi fel conffeti ein priodas. 'Helpa ni i gyd.' Tagaf. Poeraf, cnoi ei law a chilio'n ôl. 'Dewisa di. Fi neu'r tabledi.' Hisia fel neidr a gwyntaf y gwres ar ei gorff. Edrychwn ar ein gilydd, gan sefyll am yr ergyd nesa, a chlywaf sŵn o bell, drws yn agor.

Rhed Siôn ata i. 'Ces i ofon, Mam.'

Codaf yn araf, gan sgubo'r llwch oddi ar fy jîns. Mae nwylo'n crynu. Try Howard a gwenu; daw'r olygfa afreal i ben a phopeth yn ôl i'r drefn arferol. Cofiaf stori Mam am y Zulus yn ffilmio, yn rhedeg i lawr mynydd a bygwth â'u gwaywffyn cyn stopio, siarad a smocio. Gwyntaf ddagrau Siôn ar fy nhop coch. Pwyntia'r crwt at y gwydrach ar y llawr. 'Odych chi'n ffrindie nawr?'

'Bydda i'n well mewn munud.'

'Dad?'

Sycha'r platiau'n dawel, yn beiriannol.

44

7

Mae'n drist. Ro'n i'n arfer bod yn fenyw oedd yn llawn sbri cyn i'r tân suddo i waelod y grât. Rwy'n gorfod wynebu'r gwir: dwi ddim yn gwella. Ife fi sy'n hurto? Rwy'n wastad yn cael fy hwpo i gornel tra mae Howard yn edrych yn od arna i. Fel arfer, gwena wrth ddweud: 'Ti ddim yn deall. Weda i wrthot ti pan wyt ti'n well.'

Ffoniodd Howard am bedwar.

'Bydda i'n hwyr.'

'Dim 'to.'

'Damwain ar gylchfan rhwng Wrecsam ac Amwythig.'

'Pa gylchfan?'

'Paid â bod yn ddwl. Mae cymaint ohonyn nhw.'

'Cymer bwyll, cariad.'

'Gaf i ginio yn y Little Chef.'

Cerdded yn araf i'r feddygfa yn y glaw trwm. 'Noswaith dda,' medd Sylvia, y ddysgwraig ganol-oed tu ôl i'r ddesg.

'Rwy'n moyn newid doctor.'

'Dydw i ddim yn deall.'

'Yn moyn . . . eisie.'

Plyg i lawr ac estyn amlen frown. 'Rwy'n deall y geirie ond dydw i ddim yn deall y syniad. Pam?'

'Ni i gyd yn feidrol.' Cyn iddi ofyn, 'Beth ydy hynny'n Saesneg?' mas â fi fel llucheden.

Saif y feddygfa arall ddau ganllath bant, adeilad newydd yr ochr arall i'r pentre, drws nesa i'r trefnydd angladdau, Grubb a Deep. Dywed rhai fod y ddau'n cydweithio. Ellwch chi ddychmygu'r hysbyseb? *Arbedwch arian a holwch am ein pecyn cynhwysfawr os y'ch chi'n moyn mynd i wlad dwym neu oer. Ry'n ni'n arbenigo mewn teithiau pell un-fformdd.*

Mae'n bump o'r gloch. Mae'r stafell aros yn llawn ar gyfer sesiwn gynta'r wythnos a rhai'n peswch i brofi eu bod yn fyw o hyd. So i'n nabod neb, a dwi ddim yn moyn i neb wbod fy musnes chwaith. Credaf yn gryf yn y Gwasanaeth Iechyd, yr hawl i bawb gael yr un driniaeth, ond bod fy musnes i'n breifat. Chi'n deall?

'Ga i eich helpu chi?' medd y llais main. Pan sibrydaf fy enw wrth y dderbynwraig, mae ei llaw'n cyffwrdd â'i chlust dde. Amneidiaf arni i ddod yn nes; trysto fi i ddewis meddyg ble mae'r dderbynwraig yn drwm ei chlyw, yr unig un yn ne Cymru. Pam sech chi'n mynd i weld doctor, fenyw? Pwyntiaf at y ffurflen a dechrau ei llenwi. Cwyd ei bys bawd. Dihuna hen ddyn pan yw'r gloch yn canu. 'Syrjeri Un,' medd hi'n uchel, gan bwyntio ata i, a theimlaf wres yn fy mochau am fod pawb yn edrych. Wn i ddim a y'n nhw'n gofyn: 'Pwy ddiawl yw'r fenyw ddierth sy'n cyrraedd y doctor cyn pawb?' Agoraf ddrws heb gnocio. Stafell wag. O's rhywun yn twyllo claf diniwed? Trof yn ôl. Gwelaf fam ganol-oed a'i merch, y fam yn ciledrych arna i cyn dodi ei llaw ar ei cheg.

Cnociaf ddrws arall. 'Dewch i mewn,' medd llais awdurdodol. Mae'r doctor ifanc yn gofyn imi eistedd mewn cadair wrth ei ochr yn lle un ochor draw i'r ford. 'Rwy yma i'ch helpu,' medd yn ddiffuant.

Rhed fy ngeiriau fel ceffyl gwyllt. 'Rwy'n moyn bod yn fam dda ond alla i ddim . . . '

'Beth y'ch chi'n cymryd?'

'Ativan. Drwy'r dydd rwy'n llefen fel croten sy wedi colli ei mam . . . yn fy nghoese mae'r lo's fwya ac yn aml rwy'n meddwl y gwaetha . . . Sdim blas byw.'

'Rhowch y gore iddyn nhw.'

'Beth?'

'Maen nhw'n gneud niwed i chi.'

'Yn syth?'

'Gore po gynta.' Codi, bron â'i gofleidio, bron â chusanu ei

46

wallt cwrls golau.

'Na beth oedd cawlach; pam se'r doctor arall wedi rhoi'r un cyngor, fisoedd yn ôl, cyn yr hunlle? Brasgamu drwy'r stafell aros, plygu wrth y ffenest a siglo llaw'r dderbynwraig. Mae'n tynnu ei sbectol ac edrych yn syn.

* * *

Yng nghanol y nos clyw meicrosgôp fy nghlust y siffrwd lleia yn yr ardd. Sŵn arall, Siôn yn llefen. Codaf a gwrando wrth y drws.

'Rwy'n flin, Dad.'

'Mae pawb yn ca'l hunlle.'

'Ond mae hon yn dod 'nôl bob wythnos.'

'Cer i gysgu.'

' . . . gwrach yn strywo bywyd teulu.'

'Bydd popeth yn iawn.'

'Ble mae Mam?'

'Yn y stafell gefen. Mae'n moyn llonydd. Mae'n dweud fy mod i'n hwrnu.' (Y clwddgi, wedais i ddim shwd beth.)

'Deiff Mam yn ôl?'

'Yn ôl?'

'Fel yr oedd hi, yn gwenu, yn llawn bywyd.'

'Os byddwn ni i gyd yn ei helpu. Beth sy'n bod?'

'O'n i'n meddwl ei bod hi'n troi'n wrach.' Yn y stafell ddu a gwag gwrandawaf yn astud. Mae fel y bedd.

* * *

Agor yn araf y llenni piws sy wedi colli eu lliw. Mae rhywbeth yn bod. Am ryw reswm, cofiaf eiriau'r pregethwr o'r Gogledd pan o'n i yn yr ysgol fach: 'Maddau inni, O Dduw, gan mai pethau gwan ac eiddil ydym.' Yn y stafell wely oer teimlaf chwys ar fy nhalcen. Ife dydd Sul yw hi? Sdim adar yn yr ardd. Mae'r hewl ochor fel yr oedd hi pan gas Kennedy ei gladdu.

Llusgaf fy nhraed i dop y sta'r a gwrando ond mae'r tŷ fel y bedd, heb leisiau Howard na Siôn. Chwarter i naw, medd y watsh, sy wedi stopio. Beth wnaf i, ei weindio neu beidio? Twll, gad hi fod.

Troi'r tap arno yn y stafell molchi cyn gwasgu'r clwtyn yn dynn, dynn. Pan ddodaf y clwtyn ar fy nhalcen yn y gwely, trof y radio ymlaen a sguba darn o fiwsig Mozart drosof. Heulwen yn torri drwy gwmwl. Gallwn i fod ar draeth yn Llydaw yn yr haf, heb ofal yn y byd.

Llongyfarchiadau, Elsie. Pryd cymeraist ti dabled ddiwetha? Duw a ŵyr, ddiwrnod neu ddau yn ôl? Ond rwyt ti wedi eu cloi'n sownd yng nghwpwrdd y gorffennol. Daeth y cywilydd i ben, a'r gofid. Ro'n i'n becso fy mod yn gaeth, fod yr holl beth fel dibynnu ar heroin, nage'r un cryfder, cofiwch, ond yr un egwyddor, os taw egwyddor yw'r gair. Daeth y cwbwl i ben, yn enwedig y whant, yr haid o wenyn allai gwrso rhywun unrhyw le, unrhyw bryd.

Diffydd y golau a daw'r miwsig i ben. Pall ar y trydan. Fel ton uchel daw'r ofnau i'm claddu'n fyw. Ro'n i'n meddwl mod i'n gwbod beth oedd ofon: y diwrnod cynta yn yr ysgol fawr, y driniaeth gynta yn y deintydd a'r oed cynta. Y tro hwn, crynhoa'r ofnau, yr ofnau gwaetha, yn storom. 'Na beth sy'n od. Yr un pryd, gallwn i gysgu am ddiwrnodau ond mae ffens yn fy atal rhag llithro'n chwareus i lawr y bancyn. Rwy o dan felltith. O rywle, o drws nesa, o'm meddwl, daw miwsig Affricanaidd, cyntefig. Gan bwyll, dyw hyn ddim yn ddiwedd y byd. Rwy wedi dilyn cyngor y doctor a fe yw'r doctor, nage fi. 'Wnaf i ddim niwed i chi,' meddai, gan ddangos ei ddannedd gwyn glân. Yn fy mhen enilla miloedd ar filoedd o filwyr ar siâp tabledi dir ar faes y gad ac adleisia'r stafell i guriad bras drwm, curiad fy nghalon, sy'n siglo walydd a llawr. Daliaf fy nghlustiau. Beth sy'n digwydd i fi? Iesu, mae rhywbeth yn mynd i ffrwydro . . .

Alla i ddim sefyll yn llonydd. Gwingaf fel llysywen. Fydd y felltith yn para am byth? Clywaf lais Siôn a'i wyneb diniwed yn gofyn yr un cwestiwn. 'Pwy sy'n agor y drws, Mam?' Cyfeilia'r drymiau i'w lais, ei foddi, a rhythm yn chwalu rhythm.

Os taw byw yw hwn, rwy'n moyn marw. Safaf ar y landin. Penlinio. Dwi ddim yn gweddïo. Pwysaf yn erbyn wal, fel olwyn car yn rhydd ar ymyl hewl. Meddyliaf am ddau arteithiwr yn dala milwr o dan ddŵr am bymtheg eiliad, ei dynnu i'r wyneb a'i holi, ac ailddigwydd yr olygfa, yn glouach bob tro. Rwy'n moyn boddi. Pwniaf y wal ond nage fy nyrnau i sy'n pwnio. Clywaf sgrech, sgrech rhywun arall.

8

'Gan bwyll, Dad.'

'Gyda ni mae'r hawl i'r hewl.' Brêcia lorri hir a stopio hanner ffordd i lawr yr hewl fawr a godwyd ar gyfer ceffyl a thrap. Gwrendy Howard ar Radio Dau.

'Ti'n hoffi'r gân?'

'Mae'n fy atgoffa i o ddyddiau caru.'

'Gyda Mam?'

'Pwy arall?'

'Roedd cariadon eraill,' medd Siôn.

'Shwd wyt ti'n gwbod?'

'Agoraist di dy geg y llynedd pan ddest ti adre o barti Nadolig y gwaith.'

'A, wel, . . . ' Gwena. Yr ochor arall i'r pentre edrycha Howard yn y drych cyn stopio'r car mewn rhes o geir hanner canllath cyn y groesffordd. Edrycha Siôn drwy'r ffenest yn ystod y saib hir nes iddyn nhw gyrraedd y rhes o hen fythynnod glowyr. Pan gwyd Howard y brêc llaw, gŵyr fod ei fab am ofyn cwestiwn nad oes ateb iddo.

'Ody Mam yn mynd i wella?'

'Wrth gwrs.' Brysia Howard at y gist a dadlwytho chwe bag archfarchnad, yn llawn o ffrwythau, llysiau a chig oen.

'Mae'r bag yn drwm, Dad.'

'Ddim mor drwm â'r rhai hyn. Dere. Gad dy gonan.' Wrth agor y glwyd, gwena am fod y gân serch yn ei ben o hyd.

* * *

Ife fy nillad neu'r stafell fyta sy'n gwynto fel llwch? Ar ôl yfed gwydraid o ddŵr, anadlaf. Egyr drws y ffrynt. Anadlaf yn ddyfnach.

Gollwng Howard y bagiau. 'Pam mae'r llenni ar gau? Mae'n braf.' Unwaith 'to mae'n gofyn cwestiwn heb edrych arna i. Gwelwa a rhedeg, ond cyn iddo ddodi ei law ar fy ngheg llyncaf.

'Beth ti'n neud?'

'Beth ti'n feddwl? Cadw'n gall.'

'Wnest ti addo . . . '

'Alla i ddim . . . ' Pwysaf yn llipa yn erbyn y ford, yn aros, yn gobeithio am ergyd farwol.

'Wyt ti'n sylweddoli beth ti'n neud inni?'

'Ni?' Codaf fy mhen a chwerthin. Mae'n fy nhynnu i lawr a chwyd ei ddwrn ond rwy'n barod, yn codi fy mraich i amddiffyn fy wyneb. Cyrliaf fel pry lludw. 'Fy nghorff i yw hwn, neb arall.'

Deil ei ddwylo ar led. 'Wna i dy helpu di, cariad.' Estyn ei fraich ond mae ei lygaid yn ei fradychu, llygaid bwystfil.

'Geirie, blydi geirie.' Pan glywaf draed Siôn yn rasio i lawr y sta'r codaf yn sydyn.

'Peidiwch â gweiddi. Mae eisie heddwch yn y byd. Ti'n iawn, Mam?'

Penliniaf ac estyn fy nwylo, ond cyn iddo gyrraedd cydia Howard yn ei law.

'Dere, sdim pwynt sefyll fan hyn.'

'Dyw e ddim wedi gwneud ei waith cartre.'

'Mae eisie awyr iach ar y ddau ohonon ni.'

'Pryd byddwch chi'n ôl?'

'Rywbryd.' Cwyd Siôn ei law yn wanllyd cyn i'r ddau fy ngadael yn y stafell wag ble mae'r llenni coch yn atal yr haul.

* * *

Tri chan llath lan yr hewl fawr, rhwng archfarchnad Spar a Banc HSBC, saif y tŷ bwyta Indiaidd. Am chwech o'r gloch, dim ond dau sy'n eistedd o dan y golau gwan – menyw mewn ffrog haf wen, a dyn. Bodda miwsig cefndir Bangladesh a'r ffôn archebu-bwyd eu lleisiau. Llympra'r dyn ei fwyd, heb sylwi ei bod hi'n edrych arno'n wastad, gan whilo am unrhyw gliw yn ei osgo a'i lais. Mae'n sychu ei cheg. 'Blasus iawn.'

'Beth am ddod fan hyn 'to?' medd y dyn.

'Dro ar ôl tro.' Cwyd gweinydd byr ei ben o gownter cyn cydio mewn pentwr o napcynnau a'u gosod ar fordydd.

'Llongyfarchiadau, Howard.'

'Ie?'

'Gei di alw fi'n Helen, fel y gwnest ti neithiwr.'

'Paid.'

'Pam? Cywilydd?'

'Rwy wedi byta gormodd.'

Daw'r gweinydd i glirio'r llestri.

'Wnest ti amau?'

'Amau?'

'Y bydden ni'n para.'

'Byth.' Gwena.

'A nawr?'

'Nawr?'

'Beth sy'n digwydd?'

'Tala i'r bil.'

'Na, i ni.' Edrych Howard ar y bordydd a daw'r gweinydd â'r llieiniau sychu a'r bil. Ar ôl i Howard agor y gorchudd plastig, mae'r lliain mor dwym fel na all ei ddala yn ei law. Mae'n sychu ei ddwylo'n drefnus, gan edrych arno'n wastad. 'Faint?'

'Pedair punt ar hugain.'

'Faint wyt ti'n fy ngharu?'

'Yn fwy na'r byd a'r betws.' Mae'n eistedd yn ôl am ei fod wedi synnu ei hun.

'Elli di brofi hynny?' medd hi'n ddigri-ddwys. Pan sibrwd yn ei glust, try ei chwarddiad bron yn hysteria.

'Oedd y bwyd yn iawn?' mae'r gweinydd yn gofyn.

'Dwi'n meddwl,' medd Howard.

'O's rhywbeth yn bod, syr?'

'Dim byd.'

Tu fas mae'n pigach. Egyr Howard yr ymbrelo a chydia Helen yn ei fraich yn dynn. 'Howard, so i wedi teimlo fel hyn erioed.'

'Dere'n glou cyn iddi arllwys.'

* * *

Dwi ddim wedi teimlo fel hyn ers achau. Safaf ar lan Llyn Syfaddan yn y Bannau ar fore o wanwyn, y Mynyddoedd Du'n darian yn y cefndir a'm meddwl mor llyfn â wyneb y llyn. Anadlaf win yr awyr iach a gwn nad oes raid mynd yn ôl i'r tŷ tan fory. Gwelaf y mynyddoedd yn glir hyd y gwêl fy llygaid.

Pan gwyd y gwynt, rhedaf i'r car i nôl cot drwchus. Tynnu a thynnu, ond mae'r drws yn sownd a bysedd fy llaw yn rhoi lo's.

Tagu. Dihuno. Breuddwyd oedd y cwbwl. Pan agoraf fy llygaid led y pen, gwelaf wal ddu o fwg yn cwato'r celfi, wal ddu fel yr ofon sy'n llanw fy nghorff. Cwsg Howard fel se fe o dan effaith cyffuriau. Pwniaf ei ochor, unwaith, ddwywaith, yn galetach bob tro. 'Ti'n ddall? Gwna rywbeth, y pwtryn.' Gwn yn gymws beth i neud achos roedd rhaglen ddogfen ar y teledu fis yn ôl. Llithraf ar fy mhedwar i flaen y gwely, y lle saffa, medden nhw, yr arbenigwyr, y bobol gall sy'n gwbod popeth. 'Howard? Howard!'

Mae'n cwato'i ben o dan glustog.

'Ti'n dda i ddim. Gallwn i fod yn farw.'

Pan rwy'n trial ei symud, cofleidia'r mwg fi'n farwol, wrth fy hwpo i lawr. Pesychaf. O rywle, Duw a ŵyr ble, daw nerth a thynnaf Howard mas o'r gwely gerfydd ei draed. Gwena'n hanner-pan wrth fwrw'i ben ar y carped. Buster Keaton, myn yffarn i. Siglaf ei ben yn wyllt a gweiddi yn ei glust. 'Ffonia 999, mae Siôn lan llofft . . . gall y tân gyrraedd ei stafell mewn

53

wincad.'

Caea ei gorff fel trap. Deil fi i lawr, â'i ben-lin rhwng fy nghoesau. 'Y bastard. Mae colled arnat ti.'

'Fi? Beth elli di weld?' Poeraf yn ei wyneb. 'Beth elli di weld?' mae'n gofyn yn dawelach, yn fwy sinistr.

'Agor dy blydi llygaid. Mae mor amlwg â gole dydd . . . '

Cwyd ei fys at ei wefusau. 'Sdim mwg i ga'l.'

'Ond . . . '

'Ti'n cilio o'r tabledi'n rhy glou. Dyna'r broblem.'

'Mae'r doctor wedi fy nhwyllo?'

'Yn dy feddwl di mae'r mwg.' Siglaf fy mhen. 'Yr wythnos ddiwetha prynais i declyn. Os yw'r mwg ym mhobman, pam nag yw'r larwm yn tanio?'

'Ody'r batris i mewn?' Edrych yn syn. 'Falle bod dim batris.' Cerdda'n fawreddog i ochor arall y stafell; os taw fe yw'r bad sy newydd lansio, y fi yw olion y botel siampaen sy newydd dorri.

Sŵn traed yn rasio i lawr sta'r cyn clatsh drws y ffrynt. Hon yw dedfryd, tynged, y fenyw hanner call a dwl, edrych ar wal am weddill y dydd. Lawr llawr, yn y gegin, trof y radio ymlaen. 'Bydd Cynulliad yng Nghaerdydd,' medd y gwleidydd, 'y Senedd gynta ers Glyndŵr ac, o'r diwedd, bydd gennym ni rym.'

9

'Ti'n iawn?' medd Howard fel mêl wrth agor drws y stafell fyta.

'Odw.' Eisteddaf ar ris isa'r sta'r, yn edrych ar y ffôn.

'Mae golwg well arnat ti heddi.'

'O's e?'

'Mwy o liw yn dy fochau. Pam wnei di ddim ffonio dy fam? Bydd hi'n falch o siarad.' Fydd hi? A finne yn y stad hon? Dyw hi ddim wedi bod yn dda, ond mae'n wahanol i mi: mor wydn â lledr, merch ffarm, a'r gyfrinach, medd hi, yw yfed llaeth enwyn. 'Os ti'n moyn byw'n hir . . . ' Dim diolch, os taw hwn yw byw.

'Ddei di dros hwn,' medd Howard wrth gau'r drws. Yn ôl â fi i'r stafell fyw i eistedd ar y soffa, ailgydio yn y papur ac ailddarllen y stori. Mor drwm yw'r pwysau tu mewn, yn rhy drwm i soffa fregus.

'Ti'n iawn?' gofynna'r llais mewn stafell, mewn byd arall.

Mae'r concrid wedi caledu. Alla i fyth roi'r gorau iddyn nhw. Gwn yn gwmws shwd oedd y dyn bach yn teimlo, y dyn yn y llun, yn gwenu, yn eistedd ar wal ar lan y môr, yn lluo hufen iâ heb ofal yn y byd. Doedd dim ffordd mas. Dim. Teimlaf yn well am fod rhywun wedi bod drwy'r un uffern, ond mae'r ofon yn drwm fel plwm am nad oes pen draw. Dodi'r papur i lawr. Er bod copa'r Garth yn fôr o oleuni, cno'r stori yn fy meddwl, ci'n dala asgwrn. Clywaf lais fy mab yn gofyn yn ysgawn, yn drist, bob yn ail: 'Pwy sy'n mynd i agor y drws, Mam?'

Dychmygaf gyflwynydd newyddion: 'Lladdodd dyn o dde Cymru ei hun pan gollodd y frwydr i roi'r gorau i'r tabledi cysgu yr oedd wedi bod yn eu cymryd ers deng mlynedd. Clywodd Llys y Crwner fod Victor Steetley, 52 oed, o Nantgarw, wedi ceisio rhoi'r gorau i'r tabledi ers iddo geisio lladd ei hun ddwy flynedd yn ôl. Dywedodd y Crwner, Dr James Appleby, taw gwenwyno carbon monocsid oedd achos y farwolaeth a bod Mr Steetley wedi lladd ei hun pan nad oedd yn ei iawn bwyll . . . Ymlaen at weddill y newyddion . . . '

Nag yw e'n rhyfedd, y brawddegau twt sydd i fod i grynhoi bywyd ar chwâl, a'r llais cynnes agos-atoch sy'n sôn am gorff oer fel iâ? Yn fy meddwl try'r sgrin yn ddu.

Yn y bore codaf yn gynnar, am wyth. Howard yn y gogledd a Siôn yn Llangrannog.

'Rwy'n gorfod gweld y doctor.'

'Beth yw'r broblem?'

'Mater o frys.'

'Deall yn iawn,' medd menyw'r feddygfa. 'Mae claf wedi canslo. Hanner awr wedi wyth.' Wrth adael y tŷ, cwyd y gwynt a chwyrlïa dillad sobor y dyn drws nesa, y crysau a'r trwseri llwyd hen ffasiwn. Ar y bws y syniadau dwl yn troi a throi a'r meddwl yn gobra ar fin taro. Cydiaf yn dynn ym mar arian y sedd, mor dynn â'r whant sy'n cydio ynddo i, am fod y bws bach bregus yn gwibio dros hewl llawn tyllau.

Edrych y doctor i fyw fy llygaid.

'Chi'n siŵr?'

'Maen nhw'n saff,' medd y doctor.

'Ellwch chi esbonio pam rwy i yn y cyflwr hwn?'

'Maen nhw fel y banc, medd yr adroddiadau.' Peswch, y pumed tro mewn munud. Mae rhywbeth yn bod: edrychaf yn fanwl a sylwi fod ei lygaid yn goch, ei wyneb yn welw.

'Chi'n teimlo'n iawn, doctor?'

'Fel cneuen.' Chi'n becso am rywbeth? Gewch chi ddweud wrthyf i, chwmod, rwy'n saff fel y banc. 'Swn i yn dy le di, doctor, byddwn i'n yfed llai. Rhytha ar y wal ble mae llun ohono yn ei gap a'i ŵn. 'Cofiwch, gallwch gael presgripsiwn heb ddod i fy ngweld i. Mae mor rhwydd â . . . '

56

'Dwgyd losin oddi wrth fabi?'

Edrych i lawr, cydio yn ei feiro, y dyn â chymaint o rym, y dyn all achub neu ddamnio. Sgrifenna'r presgripsiwn fel cadfridog Rhyfel Mawr, gan droi ei law yn flodeuog, yn llofnodi gorchymyn i'm lladd yn ei sgrifen ddestlus. Mor ddestlus fel y gall whalu meddwl a chorff.

Ymuno â'r gwt hir yn siop fach y fferyllydd. Ar waetha golwg a sibrydion, hwpaf fy hun i'r blaen. 'Hei,' medd Gladys Williams, yr is-bostfeistres. 'Beth ddigwyddodd i'r fenyw ffein oedd yn arfer dweud "plis" ac "esgusodwch fi"?' Cochi, a llusgo'n hun i ddiwedd y gwt.

* * *

Am y tro cynta mewn tri mis, rwy wedi bod am dro. Cyrraedd y drws ffrynt. Canu'r gloch. Cnocio. Galw enw Howard drwy'r twll llythyron. Ody'r diawl yn whare gêmau, yn esgus ei fod yn fyddar, yn esgus mod i ddim yn bod? Stopa'r nonsens hyn. Paid â mynd o flaen gofid, y dwpsen. Mae'r allwedd yn dy boced.

Gwelaf olau drwy ddrws gwydr y fyfyrgell ar y llawr cynta. Cnocio'n ufudd, disgybl wrth ddrws prifathro. Saib hir. Cnoc arall.

'Dere i mewn.' Sefyll yn ddisgwylgar. 'Gei di eistedd, os ti'n moyn. Ble est ti?'

'I ddiwedd y rhes o dai ac yn ôl.'

'Ti'n dod mas o dy gragen. Tra bod y lipstic arno, mae gobaith.' Cyffwrdd â'm pen-glin a theimlaf yn well; o'r diwedd, gobeithio, daw'r rhyfel oer rhyngom i ben. Try dudalennau albwm lluniau o flaen y cyfrifiadur a phwyntiaf at luniau ble mae'r môr yn rhyfeddol o las. 'Groeg?'

'Llydaw. Beth am fynd yn yr haf?'

'Odw i'n ddigon iach?'

'Dim ond ti sy'n gwbod.' Cwyd hen ofon fel anghenfil o'r môr.

Edrych i fyw fy llygaid. 'Mae'r ddau ohonon ni'n gorfod anelu at rywbeth.' Gofynnaf iddo droi'r dudalen yn ôl. 'Yr Hotel de Mer ym mhentre Guilvinec, de Llydaw, ddeng milltir o Quimper, gwesty dwy seren, prydau pysgod heb eu hail a'r badau pysgota diog yn y cefndir. Hon yw'r ail . . . '

' . . . borthladd pysgota yn Ffrainc.' Gwenwn ar ein gilydd. Deil y dudalen chwith a chydiaf yn y dudalen dde. Plygaf fy mhen ar ei ysgwydd. Tu mewn mae'n ysgwyd rhywbeth o gwsg hir, car yn tanio ar ôl bod yn sownd mewn eira. "Co'r cwpwl hapus.'

'Ie,' medd Howard. "Co ni ddeng mlynedd yn ôl.'

Troi'r dudalen. 'Pwy yw'r fenyw ifanc ddeniadol fel seren ffilm, yn dweud stori, yn dala pawb ar gledr ei llaw? Ti'n nabod hi?' Cwyd Howard – dyn yn gadael sinema cyn diwedd ffilm. 'Howard.'

'Sdim ots.' Sibrwd fel sibrwd offeiriad wrth ddyn yn marw. Caea'r albwm a'i gario'n dynn o dan ei gesail at y drws. 'Cwestiyne. Gormodd o gwestiyne.'

'Howard?'

Ar ôl iddo adael sylwaf ar y llwch sy wedi crynhoi ar y ddesg, y walydd a'r llawr. Mae'n warthus, a dweud y gwir, shwt mae'n crynhoi mor dawel heb yn wybod i neb. Pan saetha'r heulwen drwy'r ffenest ar y llwch ar y ddesg mae fel sgan yn dangos cysgod cancr.

* * *

'Na hwyl ges i heno, yn darllen y nofel Mills and Boon am hanner awr yn y gwely, mynd ar goll mewn byd arall, byd ble mae dyn yn ddyn, yn gariadus ac yn foneddigaidd. Ond rwy'n ffaelu mynd i gysgu; bob tro rwy ar yr ymyl, rwy'n tynnu'n ôl. Am ddau y bore mae'r ffôn yn canu. Howard sy 'na, siŵr o fod, yn achwyn fod diawl o le yng nghanol Pontypridd, dim tacsis ar ôl a phobol yn ymddwyn fel se'r byd ar ben.

'Mrs Cosslett?' medd llais main, yn debyg i un y

brifathrawes roddodd bryd o dafod i fi cyn cansen am smocio yn y tŷ bach, pan o'n i'n ddeuddeg. 'Merch Evelyn Cosslett?' Paid becso. Nage nyrs yw hon. Mae'n rhy hen.

'Ie . . .'

'Ro'n i'n moyn dweud wrthoch chi cyn pawb arall.'

'Dweud beth?'

'Gwrandewch. Y fi yw cymydog eich mam. Sylwais i fod rhywbeth yn bod . . .'

'O's difrod o gwbwl?'

'Mae eich mam yn fenyw drefnus, ond am un ar ddeg roedd drws ei chegin ar agor . . .'

'A . . . ?'

'Y rheswm rwy'n ffonio yw eu bod *nhw*'n torri'r newyddion yn blwmp ac yn blaen . . .'

'Pwy y'n *nhw*?'

'Ddim yn styried yr hyn maen nhw'n 'i ddweud . . . Marwodd hi yn ei chwsg. Neithiwr. 'Na fe, 'na'r ffordd ore, dim lo's o gwbwl . . .'

Dodi'r ffôn i lawr. Lan y sta'r fel rhywun yn cerdded yn ei gwsg. Tynnu'r g'nos yn dynn, dynn; y funud hon y cwbwl rwy'n moyn yw cwtsh, rhywun i ddala fy llaw. Ble mae Howard? Yng nghanol Pontypridd, yn feddw gocls, yn whare â thân, yn trial stopio ceir clou ar yr hewl fawr ac yn wherthin pan yw un yn gwibio heibio o fewn modfeddi. Ond mae rhywbeth o fewn gafael: yn y stafell ganol, ble cysgai pan oedd hi'n sefyll 'da ni, mae llun o Mam yn nyrs ddeunaw oed yn Ysbyty Treforys, a'i gwallt fel Lana Turner. Rwy'n moyn edrych ar y llun, ei ddala'n dynn. Fel hyn rwy'n moyn ei chofio. Am byth.

Agor drws y stafell. Oedi cyn troi'r golau mlaen. 'Rwy'n flin,' medd llais. Wrth hanner-cau fy llygaid, trof y golau mlaen ac o dan lun Mam cydia menyw ym mraich fy ngŵr a'i gusanu ar ei dalcen.

'Chi sy ar fai.'

'Fi?'

'Chi sy wedi hala fe i neud hyn.'

'Fan'na mae Mam yn cysgu.'

'Gweda rywbeth, Howard. Mae'n hurto.' Cydia Howard mewn blanced i gwato'i gorff. 'Pwy oedd ar y ffôn? Galwad ffug, ife?'

'Mae Mam wedi marw.' Try Howard at y wal. Gwena hi, gwên ddwl. Mae 'y mhen i'n troi.

'Howard, mae'n ca'l pwl.'

Try'r stafell ar ongol, bad mewn storom. Y peth ola rwy'n ei gofio yw ei dannedd sgleiniog, graffiti ar fedd Mam.

10

Ddoe roedd yn braf ac yn y prynhawn, pan glywais i sŵn, agorais i'r ffenest led y pen. O dan betalau pert y golfen tresi aur roedd degau o wenyn yn gancr o dan groen glân. Crynais i fel y gwenyn.

Wedyn des i o hyd i lythyr mewn drâr.

Annwyl Elsie

Dylwn i weud mod i'n gobeithio dy fod yn well ond . . . Yn anffodus, smo ni wedi cael cyfle i drafod am fod popeth yn wpsala. Ti'n cofio flynyddoedd yn ôl yn y parc ar y fainc ger y bandstand, y blodau yn eu holl ogoniant a'r meddwl yn rhydd fel nant yn llifo i lawr llethr, yn cael dilyn ei chwrs ei hun? Roedd y rheiny'n ddyddiau braf.

Beth ddaw? Mae'n anodd dweud. Dwi ddim yn siŵr beth rwy wedi ei neud i haeddu hyn. Cofia'r cyfan wnes i ddysgu i ti, fod shwt beth i gael â hunan-barch, fod raid i ti ddala dy ben yn uchel.

Edrych ar dy hunan. Rwyt ti fel y fenyw hanner call a dwl oedd yn whilo drwy finiau am dameidiau o fwyd, yn hanner porcyn a'r bechgyn drwg yn twlu cerrig ati. Ti'n cofio beth ddigwyddodd? Cas hi ei chloi lan yn yr ysbyty meddwl ble buodd hi am weddill ei hoes, fel Gwenllïan, merch Llywelyn yn Lleiandy Sempringham, mewn gwlad arall, yn nabod neb, a neb yn hidio. Doedd y fenyw hanner call a dwl ddim yn cyfri ragor. Bob tro y sonnid am ei henw, troai'r sgwrs yn sydyn; roedd fel crac yn agor mewn hewl cyn i'r heddlu osod tâp melyn ar ei thraws.

Codais i ti i wybod y gwahaniaeth rhwng da a drwg. Ond mae'r Gŵr Drwg wedi cydio ynot ti a ti'n gwneud dim i dynnu'n rhydd.

Ti'n cofio ni'n siarad am beth hoffet ti neud, bod yn seren bop neu'n weinyddes awyren? O'n i'n moyn i ti fod yn feddyg fel y gallet ti wella pobol, stopio claf rhag marw mewn ychydig o eiliadau. Ond elli di stopio'r hyn sy'n cnoi tu mewn? Rwy'n gorfod sgrifennu hwn am na alla i fod yn grac am byth. Gall y rhwd mestyn i sylfeini'r bont. O'n i'n moyn i ti gyrraedd yr uchelfannau, ond plymiodd yr awyren. Pam? Pam?

Y gwir yw dy fod ti wedi gadael dy hun i fynd gymaint nes bod raid i rywbeth mawr ddigwydd. Set ti'n groten o hyd, bydden i'n rhoi coten i ti. Ti'n warth. Yn yr Oesoedd Canol bydden nhw wedi dy losgi di ar goelcerth ac anghofio amdanat ti.

Ti ddim yn perthyn i fi. Elli di edrych ar dy hunan yn y drych? Mae cywilydd arna i. Dwi ddim yn moyn dy weld di 'to. Byth.

Mam

* * *

Yn yr hen ddyddiau rhuai miwsig bandiau'r pedwar degau ar y radio ar ben y cwpwrdd llestri. Heno mae fel y bedd pan gerdda Siôn i mewn.

'Ti fel menyw ddierth. Ti heb sylwi . . . ' Cerdda lan a lawr deirgwaith.

'Cer o dan dra'd.' Lleddfa sŵn y dŵr ei feddwl cyn iddo sefyll ar ben y stôl.

'Pyjamas, Mam. Pyjamas.'

'Dwi ddim yn ddall.'

'Pam ti'n gwisgo g'nos o hyd?'

'Mae gwaith yn galw.'

'Ody Dad yn hwyr? . . . Ti'n cofio . . . addo mynd â fi lan i'r gwely?

'Paid â gweiddi.' Mae rhywbeth yn bod: yn lle sgrwbio sosbenni, mae ei fam yn sgrwbio'i dwylo. Edrych arni. Pesycha cyn cydio mewn dwy botel wag a mynd â nhw at stepen y drws. Daw gwynt oer i mewn i'r gegin ond dyw ei fam ddim yn cyffro. Hoelia ei llygaid ar y sgrwbio. Erbyn hyn, sgrwbia ei

62

breichiau.

'Odyn nhw'n . . . fochedd?'

Mae rhywbeth arall wedi cymryd drosodd a'r sgrwbio'n wyllt, pistonau'n pastynu. Saif y crwt ar y stôl a gwenu. Deil ei llygaid. 'Syniad da, Mam, actio stori.' Closia ati. Am ychydig o eiliadau mae grym yr holl weithred yn ei fesmereiddio. 'Gad ifi gymryd rhan . . . '

'Paid.'

'Beth?'

'Paid dod yn agos.'

'Pam?'

'Rwy'n gorfod dodi stop arnyn nhw.' Mae ei breichiau'n goch.

'Nhw?'

'Maen nhw'n bobman.'

'Ble?' Cofia stori flynyddoedd yn ôl am angenfilod oedd yn byw dan y ddaear a dim ond gwrach oedd yn gwybod eu bod nhw yno.

'So ti'n clywed nhw, yn cripiad o dan 'y nghroen?'

'Pwy? Pwy?' Bob tro mae'r brwsh yn crafu'r croen a'r gwaed yn staenio'r dŵr, gwinga'r crwt. Pan estyn liain iddi, mae hi'n ei dwlu ar y llawr.

'Pwy, Mam?'

'Llygod ffyrnig.'

Tyn y brwsh ond mae'n ei hwpo nes iddo gwympo i'r llawr. Rhed lan llofft, llefen ei hun i gysgu yn y gwely oer a phan rua'r trên heibio, swnia'n agos, y tu ôl i'r wal.

Fore trannoeth egyr ei dad y llenni ac eistedd ar ymyl ei wely. 'Beth wnewn ni heddi?'

'Mynd ar y beic, mynd i'r traeth, dewis di.'

'Ti'n iawn?'

'Odw.'

'Pam mae dy lygaid di'n goch? Beth yw hwn?' Pan dynn y garthen yn ôl, mae'n tsiwps diferu a gwêl y gwaed ar lewys y pyjamas gwyn. Cwyd ei fraich. Try'r crwt ei ben at y wal.

* * *

Mae bysedd Siôn yn barod i herio'r anghenfil. Ar hyd y labyrinth ar y sgrin mae merch gwallt golau, arwres fregus, yn cerdded yn ofalus tra bod anghenfil yn cwato mewn corneli tywyll, yn barod i daro unrhyw eiliad. Mae'r arwres yn ei atgoffa o'i fam.

Cân y ffôn. 'Ateb e, Dad,' medd o dan ei ana'l, a phan egyr ddrws y fyfyrgell clyw sŵn y peiriant torri porfa. Rhed i lawr y sta'r. Pan glyw y llais main, symuda'i glust yn nes at y ffôn am fod hwn yn perthyn i hen ffilmiau du a gwyn y pum degau. Beth oedd ei henw? Ie, Margaret Rutherford, hoff actores Mam. 'Dalwch sownd,' medd Siôn. Drwy ffenest y gegin gwêl ei dad yn gwenu ar linellau trefnus y gwair cyn sychu'r chwys oddi ar ei dalcen â'i law.

'Dad?' Dim ateb. Rhed Siôn at y drws agored. Gwna ystum â'i law deirgwaith cyn bod ei dad yn diffodd y peiriant. Cyffwrdd Siôn ei dalcen â'i fys.

'Pwy fenyw ddwlali? Mae cymaint ohonyn nhw.'

'Cymydog Mam-gu.' Gwena Howard; ar brynhawn tesog braf gall hon fod yn goron ar y cwbwl.

'Rwy'n flin i darfu arnoch chi.'

'Iawn,' medd Howard. 'Ga i eich helpu chi?'

'Meddwl o'n i fod rhywbeth yn bod.'

'Yn bod?'

'Wel, doedd Elsie ddim yn angladd ei mam.'

'Roedd hi'n dost.'

'Ga i alw wythnos i heddi?'

'Mae'n dost o hyd.'

'Rwy'n gwbod hynny, ond rwy'n gorfod rhoi neges bwysig iddi oddi wrth ei mam. Pwy a ŵyr, gall godi ei chalon.'

'Wel . . . '

'Nid cais yw hwn ond gorchymyn.'

'Dewch draw am bump, os yw hynny'n gyfleus.' Wrth ddodi'r ffôn i lawr, cnoa amheuaeth yng nghefen ei feddwl. Sdim sôn am Elsie. Uffern o beth, nad yw hi wedi codi cyn pump y prynhawn. Uffern o beth, fod neb wedi bod lan i'w stafell wely. Gallai fod yn farw, ond beth y gall rhywun ei neud? Yn ôl â fe i folaheulo yng ngwres hamddenol yr ardd am na fydd hanner awr arall yn gwneud gwahaniaeth.

* * *

Cydiaf mewn cylchgrawn sy wedi melynu o dan y gwely. Mae Marge Proops yn cynnig cyngor doeth i wragedd paranoid: 'Peidiwch â becso. Gwnewch yn siŵr eich bod yn siarad â'ch gŵr, yn trafod yr anghenion dyfna.'

Trof i mewn arnaf fy hun. Dyw e ddim wedi ffonio, er iddo addo. Gŵyr fy mod yn becso os nad yw'n ffonio a fe, o bawb, sy'n trafod cyfathrebu mewn cynadleddau, ddylai wbod pa mor bwysig yw cyffwrdd, cadw mewn cysylltiad. Ers dau ddiwrnod mae yn y gogledd rywle, mewn gwesty pum seren. Deialaf y rhif, gan obeithio ei fod yn gywir. Cân a chân.

'Howard Cosslett.'

'Rhif yr ystafell?'

'Dim syniad.'

Clic ar y lein. 'Ie?'

'Elsie sy 'ma.'

'Pwy?'

'Dy wraig.' Yn y cefndir mae pobol yn wherthin a gwydrau'n tincial.

'Rwy'n fishi. Alla i ffonio ti'n ôl?'

'Na, na, na . . .'

'Dyw e ddim yn hawdd, rwy'n gwbod . . .'

'Gwranda . . .' Dwi ddim yn siŵr beth sy'n digwydd. Tyr rhaff yn y meddwl. Bwldagu. Llefen y glaw.

'Rwy'n flin. Mae'r lein yn wael . . .' Try ei eiriau'n hisian, dŵr yn diffodd tân.

11

Sneb all ein paratoi. Sdim TGAU i ga'l ar y pwnc hwn, sef Beth y Dylid ei Neud pan mae Rhywun yn Marw, serch wedodd Gladys Williams fod raid cofrestru yn yr ardal ble roedd Mam wedi marw. Paratoi'r geiriau cyn codi'r ffôn, eu sgrifennu ar ymyl y papur newyddion.

'Nid yw'r swyddfa ond ar agor rhwng un ar ddeg a dau,' meddai'r llais bywiog ar y peiriant ateb. 'Byddwch yn amyneddgar os gwelwch yn dda a gadewch eich neges.' Roedd y ffôn yn llipa yn fy llaw. Colli Mam am byth; gwasanaeth rhan-amser.

Edrych yn y llyfr ffôn a sylwi fod swyddfa arall. Ymolchi â dŵr oer, ymbincio, gwisgo fy sgidiau mowr brown a'r got minc, y got orau, yr un ar gyfer Cwrdde Mawr. Doedd hi ddim yn rhwydd cyrraedd y lle; bws i lawr i Bontypridd ac yna fws arall i gwm arall, awr o siwrne ar hewlydd llawn tyllau. Ond, o leia, ro'n i'n gwneud fy nyletswydd. Yn y maes parcio chwibanai gofalwr canol-oed yn ei gaban pan welodd fy sgidie. Pwyntiodd at y fynedfa. Yn y cyntedd safai dwsin o bobol mewn cwt anniben yn barod i dalu treth y pen. Gweld yr arwydd, Genedigaethau, Priodasau a Marwolaethau ar y dde, cerdded ar hyd y coridor ac eistedd yn y stafell aros. Pawb arall yn gwenu.

'O's apwyntiad 'da chi?' meddai'r flonden tu ôl y cownter.

'Na.'

'Enw?'

'Hannah Williams.'

'Chi yw Hannah Williams?'

'Hannah Williams sy wedi marw.'

'Dim apwyntiad?'

'Gwrandwch, so i 'ma i whare gêmau dwl. Rwy 'ma i neud fy nyletswydd.'

Diflannodd. Menyw mewn siwt ddu hebryngodd fi i mewn i stafell ochor a gwenu'n ffug wrth eistedd tu ôl ei desg. Roedd ei chydymdeimlad fel y blodau plastig ar sil y ffenest.

Sythodd yn ei chadair. 'Dyw hwn ddim yn anodd.'

'Mae'n dod i bawb yn y diwedd.'

'Dwi ddim yn meddwl hynny.'

'Dwi ddim yn deall.'

'Shwd oedd y daith?'

'Yn hir, yn ddiawledig o hir.'

'Rwy'n ofni eich bod wedi gwastraffu eich amser.'

'Beth?'

'Mrs Cosslett, mae'n amlwg fod rhywun agos wedi eich helpu.'

'Helpu?'

'Ie.'

'Gwrandwch, mae'r bws yn gadael mewn deg munud.'

'Mae rhywun wedi cofrestru marwolaeth eich mam.' Mewn eiliadau roedd y cyfan drosodd, y siglo llaw oeraidd, osgoi edrych ar ein gilydd. Pan gyrhaeddais y maes parcio roedd y caban yn wag ac ar glo.

* * *

Caeodd y drws yn glatsh pan ddaeth Howard yn ôl ganol nos. Codi ar fy eistedd, gan estyn fy mreichiau. 'Shwt aeth hi? Shwd siwrne gest ti?' Edrychodd Howard ar y gwely, y cwpwrdd. 'Es i i gofrestru.'

'Cofrestru? Cofrestru beth?'

'Mam.'

'Y dwpsen. Smo ti'n cofio?'

'Wedaist ti ddim byd.'

Nesaodd at y gwely. Un wad i'r llygad, un i'r trwyn a

llyncaf flas melys y gwaed ar fy ngwefus. Oni wahaner ni gan angau . . . Doedd dim dal ar y dyn a rannai wely 'da fi. Roedd fel sgitsoffrenig, yn ddyn bonheddig, yn ddiawl bob yn ail. Eisteddodd ar ymyl y gwely a chyffwrdd â'm hysgwydd. 'Ces i docyn. Gyrru'n rhy glou tu fas i'r Rhyl.'

'Wyt ti'n trial ymddiheuro?' Am ryw reswm y fi sy'n teimlo'n euog.

* * *

Bydd Howard yn fy lladd i se fe'n gwbod fy mod yn ei stafell breifat. Rwy mewn twll; sdim dewis, rwy'n gorfod torri mas o hyn.

Troi fy mhen nes gweld y llun mawr o'r grŵp drama'n dala cwpan y Steddfod Genedlaethol, 1948. Doris Goodrich, â'r llygaid treiddgar yng nghanol y llun, oedd y seren y noson honno, yn actio Arglwyddes Macbeth. 'Mae ei hamseru a'i phresenoldeb yn well nag eiddo actoresau proffesiynol ar lwyfan Llundain,' medd y toriad papur ar y wal. Llifai'r hyder drwyddi fel dur eirias drwy gafan. Yn stafell wisgo Theatr y Gelli un noson rhannodd ei chyfrinach. 'Dim ond un ffordd sy 'na i fagu hyder cyn perfformio,' meddai.

'Shwt?'

'Meddwl am ddelwedd yn y meddwl o flaen llaw. Rwy'n dychmygu fy hun yn plygu o flaen cynulleidfa sy'n fy ngalw i'n ôl i'r llwyfan dro ar ôl tro. Rho gynnig arni, Elsie. Bydd yn altro dy fywyd am byth.'

'Gawn ni weld.' Yn lle bod yn fenyw swil, yn ofni ei chysgod ei hun, daeth yn actores amatur wych a chafodd swydd uchel yn y Gwasanaeth Sifil cyn priodi iarll oedd yn berchen ar ddau dŷ, un yn Llundain a'r llall yn Barcelona. 'Y meddwl sy'n rheoli'r corff,' meddai.

Mae'r stafell yn betryal, yn arch. Ife'r ymennydd yw'r rhan ola i fod yn fyw? Oedd y tamed lleia o Mam yn fyw pan dynnodd y doctor y garthen? Pa mor glou y dirywiodd ei chorff cyn i'r trefnydd angladdau gyrraedd? Cwestiynau menyw wallgo'n siglo dolen drws sy ar glo. Caea popeth amdana i. Mae'n hen bryd i'r dyn, sy'n eistedd mewn cwtsh wrth fynedfa'r ffair, wasgu'r botwm a dodi stop ar yr hedfan hurt.

Beth yw marw? Dim ond unwaith y bues i yn Llundain. Ar y trên tanddaearol siaradai neb, dim ond dwy fyfyrwraig o America'n achwyn am ofalwr oedd wedi trial eu twyllo yn Nhŵr Llundain. Teithiwn yn ôl i Baddington ar y Lein Ganolog. Newid yn Oxford Circus i fynd ar Lein Bakerloo ac yno y ces i'r profiad. Newydd ddisgyn ar y platfform pan gyflymodd y trên. Roedd rhywun wedi gadael papur newydd ar fainc ac, wrth i'r trên ruo, roedd sŵn, ochenaid ola hir, a throdd y tudalennau'n hanner cylch cyn cael eu sugno i mewn i'r twnnel oedd fel bola buwch.

Eistedd yn ôl yn y gadair esmwyth. Fy nghorff yn drwm. Rwy'n trial dilyn cyngor Doris, creu'r lluniau manwl yn y meddwl: gwisgo, gadael y tŷ, cyrraedd y llyfrgell, siarad yn hyderus. Ond niwlog yw lens y camera am imi anghofio'r tocyn, am imi adael heb gyflawni dim. Af i'r llyfrgell yr wythnos nesa. Trueni na all neb adnewyddu corff fel adnewyddu llyfr; y drafferth yw bod cyfrol fy nghorff yn sownd ym mherfeddion yr islawr, yn magu llwch heb weld golau dydd.

* * *

Roedd Mam ar fy meddwl; dim dyddiad 'to am fod y gwt yn hir a'r fynwent yn fras. Lawr y sta'r â fi, agor drws y ffrynt a sylwi fod peint o laeth ar garreg y drws. Trueni. 'Co fe, dyn y llaeth, yn cerdded rownd y gornel, a chrwmp ar ei gefen, y dyn bach yn ymladd yn erbyn gwynt cryf yr archfarchnadoedd, y gwynt sy'n bygwth ei damed o fan ble mae'r poteli'n sgerbydu mynd.

Ochor draw dodai bachgen yn ei arddegau bapur drwy dwll llythyron a drws nesa roedd postman â pharsel mawr yn cnocio drws. Cau'r drws, teimlo'n euog am fod pawb yn fishi.

Eto roedd bywyd yn mynd ymla'n o hyd, Howard wedi mynd i'r gwaith a Siôn i'r ysgol, y ddau wedi clirio'r ford a golchi'r llestri. Doedd dim llawer o want bwyd arna i. Crafu pen cyn mynd i'r cwtsh dan sta'r lle roedd yr hwfer. Wrth ei dynnu mas, clywed rhywbeth yn cwympo. Y meddwl yn whare triciau?

Gollwng yr hwfer a'i bwyso yn erbyn wal. Troi yn ôl. Y lle fel bola buwch. Beth ddiawl oedd yn bod arna i, yn anghofio ble'r oedd y switsh? Fel dyn dall â'i ffon ar goll, plygais i lawr ar fy mhedwar a chydio yn rhywbeth, ei gario at y ffenest a'i ddala yn y golau dydd. Hwthu. Dim llwch i ga'l. Amlen frown, maint tudalen ffwlsgap. Ddim yn bwysig neu byddai Howard wedi ei chadw'n drefnus yn ei ffeil consertina yn ei fyfyrgell. Roedd fy enw i arni. Gan bwyll, paid â mynd o fla'n gofid. Paid â neidio ar drên heb wbod i ble mae'n mynd. Gadewais hi ar y ford a berwi'r tecil. Na, ro'n i'n marw moyn gwbod, y milgi'n awchu am adael y trap.

Ar y cerdyn roedd hoff emynau Mam, 'Bryniau Caersalem', 'Mae'r Haleliwia yn fy Enaid i'. A'r geiriau: 'Carai Elsie ddiolch i bawb am eu cydymdeimlad dwys a'u help wrth drefnu popeth.'

Fy mam i oedd hi. 'Na i gyd o'n i'n moyn oedd trefnu, cael cyfle i alaru. Beth ddiawl oedd yn mynd drwy ei feddwl? Y fi oedd y bag oedd wedi ei adael yn rhy hir mewn maes awyr. Ethon nhw â fi i fan pell, tu hwnt i olwg pobol, a'm difa. Fy mam i oedd hi. Mae'r Haleliwia yn fy Enaid i. Fy mam i. Yn fy nghlustiau codai'r cytgan fel glaw yn hwyddo afon.

Teimlo'n well wrth yfed y wisgi yn y stafell wely ac edrych ar drwch o niwl am gopa'r Garth. Niwlog oedd y meddwl. Faint o dabledi? O'n i ddim yn cyfri nac yn hidio. Yr unig gysur oedd fy mod i ar lwybr ble allwn i ddim troi'n ôl na llithro i lawr nadroedd y darn cardbord. Hwn fyddai'r diwedd. Fel rhywun o dan ddŵr, teimlwn fy hun yn cael fy nhynnu i lawr, yn gariadus bron. Roedd y panig, yr ofon i gyd drosodd am fy mod mewn islif.

Drwy'r ffenest roedd y niwl yn drwchus, yn gyfan.

* * *

Gwingo, lo's yn y stwmog, sŵn carthu, gwagio, gwynt hŵd yn fy ngheg. Meddwl am bwmp, pibell, carthffosiaeth. Edrychai dyn mewn gŵn gwyn arna i. O's taw'r nefoedd oedd hwn, ro'n i'n moyn mynd i'r lle arall.

'Chi'n fenyw lwcus, Mrs Cosslett.' Acen y Cymoedd. Dylwn i deimlo'n gartrefol.

Lwcus, myn yffarn i. Ro'n i'n hanner cysgu, yn diawlio fy hun. Trên un-ffordd oedd i fod, ond ar y ffin halodd y plismyn fi'n ôl. Heddi haeddai miloedd o bobol y byd beidio marw ond ro'n nhw'n marw. Ro'n i wedi dianc ond eto wedi ffaelu dianc. Rhoddodd ddŵr imi mewn cwpan plastig, yr un lliw â'i ŵn. Yfed ac yfed ond ffaelu cael gwared ar y blas yn fy ngheg.

* * *

Cnoc arall. Gwêl Siôn siâp drwy'r gwydr niwlog, slaben o fenyw mewn siwt las dywyll.

'Prynhawn da. Fy enw i yw Thelma Roberts, 46, Minerva Street, Treorci.' Ody'r cyfeiriad yn berthnasol? meddylia Siôn. Mae hi fel rhywun tu ôl cas arddangosfa amgueddfa werin. Edrych arno o'i gorun i'w sawdl, fel cyrnol yn archwilio milwyr mewn rhes. 'Rwy'n aros . . . ' medd hi, gan wenu'n gam. Trueni bod eich dannedd ddim mor drefnus, meddylia Siôn wrth ei hebrwng i mewn i'r stafell fyw. Swmpa ganllawiau'r sta'r sy wedi wedi'u farneisio, ac yn y stafell fyw rhwta'i bys y ford. Gwena ar ei bys glân. 'Chi'n drefnus iawn.'

'Mae menyw'n dod unwaith yr wythnos.'

'A'ch mam?'

'Dim llawer o hwyl.'

'Ddaeth hi ddim i'r angladd.'

'Oedd hi o dan deimlad.'

'O'n ni i gyd o dan deimlad. A'ch tad?'

'Roedd yn gweithio. Oedd neb i gymryd ei le.'

Edrych o gwmpas y stafell. 'Rwy'n hoffi'r lliw melyn ar y waliau. Mae hwn yn dŷ hapus achos mae'r lliwiau i gyd yn olau.'

'Esgusodwch fi.'

'Peidiwch â gadael i fi ymyrryd â dim.'

'Rwy'n gorfod cwpla cymoni fy stafell cyn bod Dad yn dod yn ôl o'r siop.'

'Chi'n gweld eisie Mam-gu?'

Cliria Siôn ei lwnc.

'Roedd hi'n fenyw arbennig, yn gweini ar bawb drwy ei bywyd. Trueni na chafodd hi help pan oedd hi'n diodde.' Oeda Siôn ar y sta'r cyn rhedeg i'w stafell.

Sylwa'r fenyw ar lun uwchben y lle tân, llun o fwthyn ar waelod mynydd, yn debyg i'r un ble cafodd hi ei geni. Cyn i'r atgofion lifo'n ôl mae sŵn crafu yn ei hala i droi a cherdda i waelod y sta'r. 'O's ots 'da chi os wy i'n gollwng y ci mas?' ond yr ateb yw llond pen o fiwsig roc. Saif wrth ddrws y gegin cyn mentro am ei bod yn amau fod y ci wedi bod yn y gegin yn rhy hir. Egyr y drws yn araf. 'Alla i ddim credu hyn.'

Yn gynta, gwêl rimyn igam-ogam o waed ar wal a gwaed ar ewinedd sy wedi torri. Plyg i lawr. 'Fyddai neb yn trin anifail fel hyn.' Ar ei phedwar y mae Elsie, yn cilio i gornel, ei gwallt heb gael ei olchi na'i gribo ers wythnosau, a'i g'nos yn llawn staeniau. Yn fwy na dim, awgryma ei llygaid ei bod yn marw ar ei thraed.

'Dere 'ma. Gan bwyll.' Pan gynnig ei llaw mae Elsie'n ei brathu. 'Esgyrn Dafydd!' Clyw ddrws y ffrynt yn cau a sŵn chwibanu.

'Chi'n gynnar,' medd Howard.

'Ers pryd mae hi fel hyn?' Edrych Howard fel diffynnydd mewn doc pan chwâl cwestiwn ei dystiolaeth i gyd. 'Ers pryd? Blwyddyn? Pum mlynedd? Deg? . . . Mae eisie g'nos glân arni.'

72

'Af i ôl un yn syth. Y broblem yw dyw hi ddim yn fodlon helpu ei hun.'

Gofyn iddo eistedd i lawr.

'Dyshgled o de?'

Sigla ei phen. Dywed y geiriau heb godi ei llygaid o'r ford. 'Os na wnewch chi rywbeth, rwy'n mynd at yr heddlu. Yn syth. Ddyle neb odde fel hyn.'

12

'Hwn yw'r penderfyniad gore,' meddai'r meddyg teulu. 'Bydd yn gyfleus. Dyw e ddim yn bell o'r tŷ a gall ymwelwyr ddala bws neu drên.' Ond sdim ymwelwyr wedi bod. Fi ofynnodd i'r meddyg teulu er bod Howard wedi conan ers misoedd.

'Ti'n gorfod mynd er ein lles ni,' meddai.

'Ni?'

'Ie.'

'Ti'n dost? Fel arfer, ti'n meddwl am dy hunan.'

'Cau dy geg.'

'Oni wahaner ni gan angau . . . '

'Os nad wyt ti'n mynd, rwy'n dy adael di.'

Bum milltir o'r pentre, mae hwn yn fyd arall. Er bod y lawntiau'n llydan, mae'r ward yn gul a'r amserlen yn dynn; codi am hanner awr wedi chwech, cinio am hanner dydd a the am bump, a'r tabledi bob dwy awr oddi wrth y nyrs sy'n hwpo troli a gwenu fel menyw gwerthu-coffi-a-siocled ar y trên i Birmingham. 'Beth y'ch chi'n meddwl o'r jôc?' gofyn yn wastad i'r wynebau mud a'r cegau ar agor, y cywion bregus mewn nyth.

Yn yr adeilad Dickensaidd coch gorwedd yr isel eu hysbryd, y sgitsoffreniaid, y rhai â nam ar eu meddwl. Roy yw'r porthor, dyn tal cyhyrog o Lanelli. 'Gallwn i fod wedi whare rygbi i Gymru,' medd un bore. 'Cyrraedd yr uchelfanne.'

'Beth ti'n neud fan hyn, 'te?' gofynnaf.

'Mae cymaint o bwyse ar y Gwasanaeth Iechyd maen nhw'n hala pawb dwl i'r lle hyn.' Chwardd a phwyntio at y gwely gwag y mae'n ei hwpo i ward arall. 'Hwn yw'r claf gore, yr un sy byth yn ateb nôl.'

Wrth i'r ward dawelu, llithrwn o dan garthenni ein meddyliau. Marathon o feddwl, meddwl nes inni flino meddwl. Ers imi fod fan hyn, teimlaf yn hŷn. Mae'r ysbyty'n rhy hen i gael ei foderneiddio a smo'r cleifion yn perthyn i heddi am ein bod yn hen glociau mewn pentwr yng nghefn y stordy.

Amrywiaeth. 'Na'r nod, medd y nyrs. Am ddeg rwy yn y lolfa gul, yn trial darllen cylchgrawn. Dim ond paragraff am goginio'r Eidal y galla i ei ddarllen am fod y meddwl yn drwm. Yr unig sicrwydd yn y lle hwn yw gwynt y diheintydd ar y dudalen, yn cyrraedd pob man, hyd yn oed fy mreuddwydion. Bob dydd chwistrella'r glanhawyr a sgrwbio, fel sen nhw'n trial gwella fy nolur. Pwy sy'n twyllo pwy? Pwy a ŵyr? Erbyn hyn, dwi ddim yn nabod fy meddwl fy hun. Pan glywaf fy llais mae fel llais rhywun arall tu ôl i wal gwesty ganol nos.

Daw nyrs ifanc â gwallt coch i mewn â'i gwynt yn ei dwrn, a llythyr yn ei llaw.

'Gadewch e ar y ford.' Edrych yn syn. Ody dy ddiwrnod di mor llawn fel bod raid i ti benderfynu beth i neud gynta, fel ysgrifenyddes pennaeth cwmni am naw y bore?

'Agor e.'

'Pam?'

'Chwilfrydedd?' Man a man, sbo. Dwi ddim yn nabod y sgrifen ond marc post Pontypridd sy ar yr amlen. Agoraf garden â chartŵn o ddringwr ar fin cyrraedd copa mynydd serth. 'Wel, pwy sy wedi hala fe?'

'Dave.'

'Sboner?'

'Dyn dierth.'

Rhydd hwp i'm hysgwydd. 'Walle mae'n dy ffansïo di.' Gwenaf am ychydig o eiliadau cyn edrych ar y lawnt ble mae nyrsys yn hwpo cyrff-ag-wynebau mewn cadeiriau olwyn.

'Beth am fynd am dro?'

'Dim diolch.'

'Mae'n braf.'

'Yn wahanol i'r rhagolygon.' 'Swn i'n betio yn erbyn dyn y

tywydd bob dydd, byddwn i'n ennill ffortiwn. Yn yr hen ddyddiau yr haul oedd yn arfer codi fy nghalon.

'Pwy yw Dave?'

'Dim clem.'

'Hon yw'r garden gynta, ond bydd rhagor yn dod.' Trueni. Yr unig un sy'n meddwl amdana i yw dyn dierth ag ysgrifen traed-brain. Hoffaf y neges: cam bach sy'n dechrau'r daith hiraf, a theimlaf yn well. Safaf am fflach o ysbrydoliaeth, ond dim ond wal foel lwyd sy'n edrych yn ôl, wal fydd 'na ymhell ar ôl imi fynd.

'Mae eisie awyr iach arna i.'

'Da iawn.' Cwyd fi o'r gadair a lapio'r flanced amdana i.

'Chi'n meddwl 'ny?'

Gwena. 'Wrth gwrs.' Yn amal, maen nhw'n addo popeth, mynd i ôl dŵr, galw'r doctor, ôl clustog arall, ond byth yn dod 'nôl. Y pwysau'n eu hala nhw i anghofio. 'Ody'r tylwyth yn dod yr wythnos hon?'

'Na.'

'Dwi ddim wedi cwrdd â'ch gŵr 'to.'

'Mae'n trafaelu lot, i Ogledd Cymru a'r Alban.'

'A'r mab?'

'Mae'n sefyll gyda'i fodryb.'

Dengys y cloc fod pum munud wedi mynd yn y coridor diddiwedd oer. Pesychaf. Ysaf am awyr iach am fod y diheintydd yn bla ac, wrth i'r olwyn droi, try'r olwynion ym meddwl y nyrs. Ers inni adael y ward mae wedi bod yn dawel. Rwy'n siŵr ei bod yn trial darllen fy meddwl. Yn siŵr? Alla i fyth fod yn siŵr o hyn ymlaen am fod diferion o law ar ffenest, yn toddi siapiau'r hewl, pobol, y pafin a'r tai. Pwy obaith sy 'da hi? Alla i ddim darllen fy meddwl fy hun am fod rhywun wedi cymysgu'r tudalennau.

* * *

'Na beth yw picil: cloi fy hun yn y tŷ bach a cholli cinio. Sandra a Lisa, dwy fenyw ddierth gyrhaeddodd y bore 'ma, yn rhannu eu tato, erfin a chig eidion. Tipyn o sioc. Gwenu ar y ddwy am eu bod yn wresog.

Ar ôl cinio, am ddau, cwyd nyrs fi o'r gwely.

'Rwy'n wan fel cath.'

'Sdim rhyfedd, chi wedi bod yn y gwely ers diwrnode. Mae eisie hwp arnoch chi.'

Teithiwn ar hyd coridor cyn troi i mewn i goridor arall.

'Shwd y'ch chi'n teimlo?'

'Yn well.'

'Hen bryd. Trefen newydd yn dechrau. Ehangu gorwelion . . . '

'Ehangu?'

'Rhoi profiade newydd ichi . . . i ddianc o'r rhych.' Dwi ddim wedi cwrdd â hon o'r blaen ond mae ei llais yn ddiffuant a daw o Lanelli, bedair milltir o ble ces i fy ngeni. Twymaf ati. Yn fwy na hynny, siaradwn â'n gilydd fel dwy wha'r.

'Pryd o'ch chi'n ôl yn Llanelli?'

'Ddim ers achau.' Cochaf.

'Byddech chi ddim yn nabod y dre waeth tynnon nhw'r perfedd mas.' Cyrhaeddwn adran ble mae'r enwau ar y drysau'n ddierth, yn Saesneg ac yn Gymraeg. 'Wedodd rhyw aderyn bod chi'n bedwar deg whech heddi.'

'Pwy wedodd?'

'Mae pawb yn gwbod.'

Gwenaf fel croten cyn parti. 'Ble ni'n mynd, 'te?'

'Licech chi wbod. Ar ôl hwn byddwch yn teimlo'n well.'

Stopiwn o flaen drws heb arwydd. 'O's digon o ganhwyllau 'da chi?' Cau fy llygaid yn dynn ond wrth fynd i mewn, teimlo ias ar fy wyneb, cryd ar fy nghefen. Cyn gwbod yn iawn beth sy'n digwydd, cydia rhywun ynddo i a'm dodi i orwedd. Deil fi i lawr. 'Chi i fod i wella fi . . . '

'Rhag ofon i chi ga'l niwed,' medd dyn tal wrth swmpo peiriant.

'Y bas–' Mogaf, boddaf dan ddwylo sy'n gwasgu, crafangu. Strapio sydyn a stwffio teclyn i'm ceg fel stwffio twrci. Clywed sïo fel diffodd tân glo. Codi fy mhen a sgyrnu a'm meddyliau fel brithyllod wedi eu gollwng ar lan. 'Sefwch yn ôl,' hisia'r dyn. Edrych pawb i lawr ar y treisio cyhoeddus. Sgrech trydan drwy'r corff ac yng nghanol ceffyl llamsachus y siociau clywaf lais diniwed. 'Pwy sy'n agor y drws, Mam?'

* * *

Lan y tyle hercia'r ambiwlans wrth i'r gêr grafu o'r cynta i'r ail. Gwena'r gyrrwr yn gam yn y drych ar y cyrff, poteli llaeth mewn crât. Teimlaf yn fwy cysglyd nag arfer: ces i frechiad am naw y bore ac roedd cerdded yn nerbynfa'r ysbyty fel hwpo troli orlawn mewn archfarchnad.

Beth ddywedodd y meddyg? Mae fel trial codi llen drwchus drom sy wedi cwympo ar lwyfan. Yr un geiriau ym mhob paragraff, 'targedau i anelu atyn nhw,' 'wedi troi'r gornel,' 'cyrraedd potensial'. Troi mewn cylch, cylch y cythrel. Roedd ei siglad llaw fel pysgodyn gwlyb a phallodd e godi pan ddaeth y sgwrs i ben. Dim 'Da bo'. Dim 'Pob lwc'. Dros y parc lleda'r niwl.

Mae'n drist am inni fod yn yr un twll, rhoi afalau ac orennau i'n gilydd a thynnu clemau ar y brif nyrs â'r gwallt coch, y Ddraig Goch. Drws arall sy'n agor, medden nhw. Cyrraedd yr ambiwlans fy nghartre.

'Rwy'n addo hala llythyr,' medd Nancy.

'Ffonia i di,' medd May. Rwy'n amau ond cofleidiaf nhw fel whiorydd.

'Cymer ofal,' medd Nancy.

'Paid â chadw'n ddierth,' medd May. 'Cofia fi at y teulu fydd yn gefen i ti.'

Estyn y gyrrwr ei fraich o dan fy nghesail a rhoi cusan fawr ar fy moch. 'Ti'n cochi.'

'Cer o 'ma.'

Bant â'r ambiwlans yn araf dros yr hewl dyllog. Cwyd May ei llaw fel ci'n codi ar ôl cysgu. Sylwaf ar lenni coch newydd y parlwr a phaent gwyrdd tywyll, fy hoff liw, ar y drws ffrynt. Mae rhywun wedi bod wrthi. Os rwy'n cofio'n iawn, bydd Siôn yn sownd wrth sgrin ei gyfrifiadur a Howard yn golchi'i gar yn y garej. Ar fore Sadwrn, dyma'u ffordd nhw o ddianc.

'Rwy'n ôl,' gwaeddaf wrth gau'r drws. Yn y gegin mae rhywun wedi diffodd switsh y gwres canolog. Howard, o's cnoc arnat ti, yng nghanol gaea? Un crintachlyd fuest ti erioed. Cerdded o stafell i stafell a thrwy ffenest y stafell gefn sylwi nad o's car yn y garej. Pwyso ar silff, gan edrych ar yr ardd foel. Gwenu. Wrth gwrs, mae'r tymor wedi dechrau, Siôn yn whare pêl-droed i'r tîm ysgol a Howard yn sefyll ar yr ystlys. Es i unwaith. Byth 'to. Gwaeddodd e gymaint nes hala cywilydd arna i. Ond eto . . . Paid â mynd o flaen gofid, ferch, arafa'r trên cyn iddo fynd oddi ar y cledrau. Cer lawr llawr. Gwna rywbeth, cydio yn y tecil, ei lenwi a'i ferwi. Eistedda. Mae'r Garth yn fwy heddi, yn hanner bygythiol.

Beth yw hwn? Dylwn i fod wedi sylwi arno pan ddes i mewn, llythyr yn pwyso yn erbyn pot blodau ar y ford. Yfed diferyn o de cyn agor yr amlen yn ofalus, llawfeddyg yn treiddio'r croen am y tro cynta. Y geiriau cynta yw: 'Rwy'n siŵr na fydd hyn yn annisgwyl . . . ' Synnaf fod Howard mor huawdl. Pwniaf y pot sy'n cwympo'n rhacs jibidêrs ar y llawr. Y diawl, y cachgi, yn gorfod cwato tu ôl i eiriau.

'Mae cyfnod newydd yn dechrau . . . inni i gyd. Dwi ddim yn gadael cyfeiriad, does dim pwynt, a phaid â chwilio amdanon ni.'

'Paid ag ymladd yn erbyn y llanw,' meddai Mam. 'Beth sy i fod sy i fod.' Cerdded o un pen y stafell i'r llall wrth i ddrysau gau yn fy meddwl. Beth aeth o'i le? Cam-drin fy mhlentyn? Bydd yn onest. Wyt ti wedi bod yn fam dda? Sdim ateb. Dim ond saethu fel gwenynen yn ffaelu dianc drwy ffenest. Ar waelod y sta'r meddyliaf am y posibiliadau: pen mewn ffwrn, tiwb carbon monocsid mewn garej, neu'r hen ffefryn, tabledi a wisgi. Nag yw'r byd yn rhyfedd? Pan rwy'n trial ailosod brics fy hunan-barch mae rhywun wedi mynd â fy mab. Croeso'n ôl, myn yffarn i.

Yn ôl i'r gegin. Wrth i'r golau bylu ar y mynydd, eisteddaf am hanner awr cyn sylwi fod fy nghot fawr amdana i o hyd. Tynnaf hi a'i gollwng i'r llawr. Ailddarllen y llythyr: dim 'Dymuniadau Gorau', 'Cariad' nac enw ar y gwaelod, dim ond bwlch mawr gwyn.

Beth yn y byd yw'r gwynt 'na? Nage'r blodau sy'n gwynto ond yr amlen. Olion persawr, yr un persawr oedd yn y gwely ble roedd hi'n cysgu, yng ngwely Mam. Halen ar y briw. Gwelaf hi'n dala llaw fy mab, yn ei gusanu ar ei dalcen. Gan bwyll, Elsie, paid . . . Gwelaf hi'n sibrwd yn ei glust, wrth newid ei grys: 'Bydd dy fodryb yn dy garco o hyn ymlaen. Mae dy fam yn rhy dost . . . ' Wrth i'r niwl gwympo ar y mynydd, pwysa rhywbeth tu mewn, hen lifft yn dod i stop rhwng lloriau. Pan o'n i'n groten, yr ofon mwya oedd cael fy nghau i mewn yn yr amgueddfa, gan y drysau harn allai gau mas y golau dydd am byth.

Ar y llawr gorwedd y got finc fel carlwm marw. Mae'r niwl yn cwato'r mynydd, yn cwato popeth.

13

'Dal ati,' meddai'r meddyg. 'Therapi yw hyn. Wneiff fyd o les.' Rwy'n ddoli glwt y mae merch yn ei llusgo ar bafin. Rhega Dai y gyrrwr, poera drwy'r ffenest cyn newid gêr. Ces i waith codi'r bore 'ma, ac yn y gegin meddyliwn am bob esgus: pen tost, ffaelu clywed y cloc larwm, ffaelu ateb y drws. Yn sydyn reit, daeth Dai i mewn drwy ddrws y cefn heb gnocio.

'Sdim hwyl arna i.'

'Oedd dim hwyl arna i'n codi am bump. Dere, siapa dy stwmps.' Ymolchi a gwisgo tra safai yn yr ambiwlans.

Dim ond menywod sy ar y bws, eu hwynebau fel y rhai mewn ffilm am garcharorion rhyfel yn cerdded am ddiwrnodau drwy Wlad Thai heb ddiod na bwyd. Er mwyn y Mawredd, Dai, gyr yn ofalus, neu bydd y doliau tyner yn cracio cyn pen eu taith.

Sibrwd rhywun yn fy nghlust. 'Plis, helpwch fi.' Ody hi'n cellwair? Y gwir yw mod i ddim yn gwbod rhagor am fod yr hen sicrwydd wedi mynd, yr hen bont soled yn domen sgrap. 'Dwi ddim yn gwbod beth i neud . . . mae'r doctor wedi gofyn i fi fynd i weld e ond mae ofon arna i . . . '

Cyffwrdd â'm hysgwydd deirgwaith. Rhochiaf fel mochyn. Ar ôl dwy funud, drwy gil fy llygaid, gwelaf westy mawr yn cael ei godi yng nghanol y dre, fframyn fel sgerbwd deinosor mewn amgueddfa. Yn y rhan hon o'r dre mae miliynau o bunnoedd yn cael eu hala tra bod yr ardaloedd llwm yn colli mas. 'Na beth sy'n digwydd i'n gofal ni, medden nhw. Arian prin yn ein hwpo i'r ymyl.

Pan sigla'r ambiwlans, cwyd Dai ei fraich chwith yn

ymddiheurol. 'Ddeng mlynedd yn ôl, addawodd y Cyngor lenwi'r tyllau. Mae'r tyllau'n fwy.'

'Gad dy gonan,' meddaf.

Ym maes parcio'r ysbyty ar gyrion y dre stopiwn a sythu ein coesau. Cyneua Dai fwgyn y mae wedi'i rowlio ei hun.

'Shwd chi'n teimlo?'

'Chi'n ddoctor?'

'Nagw.'

'Beth allwch chi neud, 'te?'

'Chi'n gwbod pam driais i am y jobyn? Meddwl y bydden i'n cwrdd â phobol ddiddorol.'

Edrychaf arno. 'Beth yw pwynt hwn i gyd? So ni'n cyrraedd unman.'

Cwyd ei sgwyddau cyn demshgil ar ei fwgyn.

Ar y ffordd yn ôl saif y bws wrth olau coch ble mae gweithwyr yn cywiro piben garthffosiaeth. Pwyntia Dai at adeilad ar dyle. 'Yr hen ysgol.'

'A fi.' O flaen yr hen adeiladau gwelaf estyniad newydd sbon a llwybr syth yn arwain at yr ysgol yn lle'r hen lwybr cam ble daeth Jincs y Dirprwy o hyd i neidr fraith pan o'n ni'n cerdded yn ôl o'r parc un amser cinio. Cydiodd un neu ddau o'r plant ynddi ond sefais i'n stond.

'Pryd dechreuoch chi?' medd Dai.

'1962.'

'1966. Ti'n cofio Aberfan?'

'Pwy all anghofio?' Y diwrnod 'ny gadawodd Jincs y stafell ddosbarth heb ddweud gair, gwisgo'i got a rhedeg i'w gar. Y brifathrawes, Mrs Jones Davies, gymerodd y wers hanes.

'Beth sy wedi digwydd?' gofynnodd Sara yn y rhes flaen.

'Mae cawr wedi demshgil ar ysgol,' meddai Iolo o gefn y dosbarth.

'Paid â bod yn ddwl,' meddai Sara. 'Sdim cewri i ga'l.'

'Llai o siarad a mwy o waith,' meddai'r brifathrawes.

Y noson 'ny diffoddodd Mam y teledu yng nghanol yr eitem newyddion. 'Ti'n moyn help gyda'r syms?'

'Dere, Mam, ti'n waeth na fi.' Gwenodd cyn mynd i mewn i'r stafell ganol â'r papur newydd o dan ei chesail. Pan ddaeth yn ôl, staeniai'r dagrau'r inc glas ar y llyfr sgrifennu.

'Beth sy'n bod?'

'Alla i byth â neud e.'

Oerodd ei llygaid a chydiodd yn dynn yn fy mraich. Trodd fi mewn hanner cylch. Cododd ei bys. 'Paid ti byth . . . Fi a dy dad wedi slafo i roi'r cwbwl i ti. Paid byth gellwng ni i lawr. Ti'n addo?' Nage addo wnes i ond addo ar y Beibl.

Rhwtaf y llwch ar ffenest y bws. Wedais i ddim y geiriau eto er iddyn nhw lenwi fy meddwl yn amal fel olew'n glynu wrth wylan ac yn ddwfwn ynof erioed mae amheuon wedi bod, adenydd yn ysgwyd mewn stafell fach. Ryw ddiwrnod gobeithiaf gydio yn yr adenydd hunllefus, mynd â nhw mas i'r ardd a'u gollwng o'r dwylo.

Cyrraedd y bws y tŷ. Gwasga Dai ei droed ar ei fwgyn ar y pafin cyn rhwto'i ddwylo. 'Dewch nawr, Elsie.' Yn dyner, tynnaf ei fraich oddi wrth fy nghesail. 'Sdim dal arnoch chi.' Hanner cwyn, hanner tynnu coes.

Sythaf fy nghefen pan gyrhaeddaf y pafin. Codaf fy llaw arno. Chwyth cwmwl o fwg o'r biben ecsôst a phesychaf. Yn y parc mae brigau'r coed bedw'n sgerbydau pysgod.

* * *

Hisht, beth yw'r sŵn 'na? Gwichian llygoden? Ofnaf fy nghysgod fy hun. Beth ddigwyddodd i'r person allai dynnu sgwrs â menyw ddierth ar fws? Erbyn hyn, gall y synau cyfarwydd, ceir, plant yn whare, fod yn uffern.

Y broblem yw bod yr hewl gul yn rhy lydan yn fy meddwl.

Yn y cyntedd ofnaf edrych yn y drych. Agor y drws yn araf, gwynto chwys ceseiliau a'm cot fawr fel celficyn sy wedi ei storio'n hir. Edrych i'r chwith ac i'r dde. Elsie fach, ti fel cyw-filwr cyn ei naid gynta, yn gwenu wrth i ringyll weiddi yn dy glust, yn fregus cyn camu i'r awyr. Drws yn cau. Un droed ar ôl y llall, yn garcus, cyn anadlu'n ddwfwn wrth gau'r glwyd. Yr ochor draw digwydd rhywbeth hanesyddol: Heulwen Griffiths, Rhif Tri, yn stopio clau ffenest ei pharlwr a'i cheg ar agor.

Eisoes mae rhywun yn cynllwynio yn fy erbyn. Cwymp yr eira'n chwareus. Damo. Os af i nôl yr ymbrelo o'r cyntedd, 'na le y bydda i, yn sownd. 'Ymlaen' oedd arwyddair yr ysgol fawr. 'Profa dy ddur yn ffwrnais bywyd,' oedd hoff gyngor Mam. Trueni bod ei merch yn gopi gwael ohoni.

Paid croesi wrth y gornel: mae'r lorïau'n hirach, yn drymach, y ceir yn glouach a'r bysys yn rhy agos at y pafin. Odw i'n mentro gormodd? Ymlaen. Rwy'n nabod hon, y fenyw sy'n cerdded ata i, y nyrs oedd yn yr ysbyty meddwl. Stopiaf yn stond cyn newid fy meddwl. Wrth lwc, deil ei hymbrelo goch yn isel ond, am ychydig o eiliadau, saif wrth ffenest siop y cigydd a gwelaf ei hwyneb. Ie, hi sy 'na, ond . . . mae wedi heneiddio. Am beth wyt ti'n whilia? Mewn chwe mis mae dy wallt wedi britho.

Yn lle ffluwchan, cwymp yr eira'n drwm a gwasgaf y botwm wrth y groesfan ac aros. Pan sythaf yn y gwynt main, cân corn. Pwy yw e? Yn y Cymoedd sdim dal a yw'n cyfarch neu'n rhybuddio. Tu ôl imi hwpa haid o ferched ysgol fi cyn iddyn nhw groesi. Pan gân y blîp yn uchel alla i ddim symud am fod fy nhraed yn sownd, yn dalpiau o iâ. Edrych y gyrrwr canol-oed yn garedig arna i ac estyn ei fraich.

Trof yn ôl i gyfeiriad y tŷ wrth i'r gwynt bron â'm pwnio i lawr, wrth i'r eira ddawnsio jig. Os na fyddwn yn garcus, fe gawn ein cau i mewn.

* * *

Ar hewl fawr y pentre safaf wrth safle bysys. Fel hyn maen nhw, y ddau gwmni bws, fel ci a hwch. Mae'r amserlen yn iawn ar bapur ond, yn aml, gellwch chi sefyll am awr ac wedyn daw'r ddau, un yn felyn a'r llall yn goch, ar ôl ei gilydd. Y tro hwn yr un coch sy'n dod gynta ac egyr ei ddrysau cyn bod y bws yn stopio.

'Chi'n iawn, cariad?' Edrych y gyrrwr ar ei watsh. 'Ga i helpu chi?' Ers imi fod yn dost, faint o weithiau mae pobol wedi gofyn y cwestiwn hwn heb hidio dim am ei ystyr? Edrych drwy'r ffenest ochor, chwibanu, a rhwto'r olwyn lywio. Edrych llond dwrn o deithwyr arna i, y ddwy fenyw yn y sedd flaen a dwy ferch ysgol yn y cefen sy'n gwneud clemau dwl yn erbyn y ffenest. Teimlaf fel anifail newydd rhyfedd mewn sw.

Odyn, mae'r pwysau'n drwm ond dim ond ti all eu codi. O rywle, fel haid o adar yn saethu ar draws yr awyr, daw'r geiriau oedd ar y cerdyn: un cam sy'n dechrau'r daith hira. Os o's gan ddyn dierth ffydd ynddot ti, beth am gael ffydd ynot ti dy hunan? Fel rhywun yn llawn gwynegon, cydiaf yn y canllaw a thynnu fy hun lan y grisiau. Dengys y gyrrwr ei ddannedd brown. Wrth imi whilo'n hir am arian yn fy mag, sibrwd y merched ysgol tu ôl eu dwylo a gwenu ar ei gilydd. Pwy yw'r fenyw hon, medden nhw, a golwg y diawl arni, heb gribo'i gwallt, heb lipstic, mewn sanau slac, sy wedi dianc o'r seilam?

'Ble chi'n mynd, 'te?' Rhof yr arian iddo, tynnu fy nhocyn yn sydyn o'r slot a cherdded i'r sedd ganol. O dan y ffenest mae rhywun wedi cerfio: 'Bydd yn ewn, lladd dy hun.'

Wrth i'r siopau hedfan heibio, gwrandawaf yn astud ar sibrwd y ddwy fenyw. Yr un yn yr het goch sy'n siarad fwya, a phob hyn a hyn try ei het yn ôl. 'Y broblem yw bod prisiau tai'n llai am fod shoni hois wedi symud i mewn.'

Sdim ots; rwy ar y bws, yn ennill tir. Pan edrycha'r fenyw â'r het goch arna i, edrychaf yn ôl a gostwng ei llygaid. Awn heibio'r fflatiau llwyd ac ar hyd hewl igam-ogam y stad sigla'r bws o'r chwith i'r dde yn feddw a chydiaf yn yr hyn sy'n weddill o gefen sedd. Rwy bron â hwdu. Uwch fy mhen dywed hysbyseb: 'Ymlaciwch ar Fysys y Cymoedd.'

14

Fel hyn y teimlwn i pan o'n i'n gweithio yn y popty. Flynyddoedd yn ôl, pan o'n i'n ifanc ac yn hidio dim am neb, addewais i gwrdd â menywod y shifft ddydd ym Mhontypridd. Dim ond fi ac ychydig o fyfyrwyr oedd yn gweithio am fod gêm ryngwladol ym Mharc yr Arfau, Cymru yn erbyn Lloegr os rwy'n cofio'n iawn. Ar y pryd ro'n i'n moyn arian i dalu am wyliau ym Majorca. Cyrhaeddais i'r clwb am hanner awr wedi deg yng nghanol Pontypridd, yr ochor draw i'r orsaf reilffordd, yn sobor fel sant. Cwympai pawb arall dros ei gilydd, y menywod mwya dof fel Sandra Rees fel anifeiliaid, a'r rhai mwya ymosodol fel Tracy Evans fel lloi. Ro'n nhw wedi bod yn yfed lagyr cryf. 'Dishgwl,' meddai Sandra Rees. 'Mae rhywun wedi cyrraedd o blaned Mawrth.' Chwarddodd pawb nes eu bod yn wan.

Mae'r bws wedi stopio. 'Gan bwyll,' medd y gyrrwr ifanc wrth fenyw dew. 'Peidiwch â hala'ch arian i gyd yn y sêls, Mrs Davies.' Maen nhw fel plant ysgol ar wibdaith, yn sïo fel gwenyn ac wrth i'r gwt hir ddiflannu o'r bws, sibryda'r fenyw ola yng nghlust y gyrrwr. Yn y cyfamser, dadlwytha deg bws unllawr ddegau o fenywod, eu cyrff a'u wherthin yn llenwi'r orsaf.

'Siapwch hi.'

'Dim heddi.'

'Y cynta i'r felin . . . '

'O's ots 'da chi os safa i fan hyn?'

'Dim problem. Ond cerwch i'r ffreutur neu byddwch yn sythu.' Siglaf fy mhen. Caea'r drws yn sydyn cyn cwrdd â'i bartner, gyrrwr canol-oed, a chynnig sigarét iddo. Tu ôl y bws sieryd y ddau â'i gilydd.

'Od iawn, 'achan. Yr olwg ar ei hwyneb.'

'Fel?'

'Ci'n gwbod fod y diwedd yn dod.'

'Yr wythnos ddiwetha roedd hi fel rhywun tu ôl y gwt yng Nghwmscwt.' Draw â'r ddau i'r ffreutur a diflannu drwy'r drysau dwbwl.

Cau ffenest fach. Rwy'n unig, yn fregus yng nghefn y bws. 'Na dwp, ife? Rwy wedi gadael fy nghot fawr gartre. Pryd mae'r gyrrwr yn dod yn ôl? Ody e'n dod yn ôl? Pan yw'r orsaf yn wag daw'r amheuon fel gwynt oer wrth i'm bysedd whilmentan fel merch yn caru am y tro cynta. O'r diwedd. Dod o hyd i'r botel ym mhoced fy nghrys a llyncu tabled gyda fy mhoer. Bydda i'n well mewn munud, reit i wala, mor siŵr â mod i'n fyw.

Dihuno mewn deng munud, hanner awr. Sŵn fel cnocell y coed, menyw'n taro'r ffenest â'i hymbrelo. Daw dyn swyddfa, ag ana'l fel ci a llygaid fel iâ, i ddodi carthen drosof i.

'Beth yw'ch enw chi?'

'Dwi ddim yn dost. Rwy'n moyn llonydd.' Deil fy llaw dde ond tynnaf hi'n ôl.

Try at y gyrrwr cyn troi ata i. 'Shwd alla i helpu os y'ch chi'n dweud dim?' Rhwta fy arddwrn. Tu mewn i fi ysgwyd adenydd, adenydd llydan mewn stafell gul.

* * *

Lleuad lawn. Byddan nhw'n dweud fod colled arna i, mewn ardal ddierth am hanner nos. 'Siôn.' Cymaint o ofid a gobaith mewn un gair bach. Hon yw'r hewl, ond ife hwn yw'r tŷ? Safaf ar y pafin wrth fynedfa'r parc. Roedd y ddau fachgen coleg tu fas i'r clwb yn ffein iawn ond wedi yfed gormodd. Walle o'n nhw'n tynnu coes. 'Siôn? Ti'n fy nghlywed i?' Llonydd. Fel y bedd. Fy ngeiriau fel twlu graean at wal ar ben clogwyn. Os daw plismyn mewn car, beth weda i?

Mae fy mywyd yn ddau, wedi'i rwygo mor rhwydd ag adenydd pili-pala.

Tra bod y tŷ canol yn dywyll, egyr ffenest ar lawr cynta'r tŷ ar y chwith. Dyn sy 'na, dyn mawr mewn fest.

'Ie?'

'Rwy'n whilo am Siôn.'

'A chi yw . . . ?'

'Ei fam.'

'C'lwddgast. Mae ei fam yn mynd â fe i'r ysgol bob bore.'

'Ond . . . '

'Os nag y'ch chi'n mynd, rwy'n galw'r heddlu. Rwy'n codi am bump i fynd i'r gwaith.'

Ar yr Hewl Fawr heibio'r cartons cyrri rwy fel rhywun yn osgoi beddau mewn tywyllwch. Yn ffenest y siop anifeiliaid anwes gwelaf gaetsh gwag. Pan oedd Siôn yn wyth pyrnon ni fochdew. Anrheg pen-blwydd. Roedd yn dwlu arno, yn treulio oriau'n edrych arno. Un bore Sadwrn galwodd Alastair, ei ffrind, i whare. Ro'n i'n digwydd sefyll ar waelod y sta'r.

'Mae'n farw,' meddai Alastair yn hanner-balch. Agor y drws.

'Mae'n cysgu, nag yw e, Mam?' Codi'r caetsh.

'Well i fi fynd ag e at y doctor, rhag ofon.' Agor y caetsh yn y garej. Clywaf o hyd bwysau mawr anifail bach yn fy llaw.

Erbyn hyn, mae'r eglwys ar ddiwedd yr Hewl Fawr wedi troi'n stordy carpedi am fod y foeseg Brotestannaidd yn lladd ei hun. Agor potel. Llyncu tabled. Tyf yr amheuon yn fwy, cysgodion ar wal. Iesu, hoffwn i gydio ym mwng y bwystfil a'i ffrwyno ond rwy'n ofon y bydd rywbryd yn fy hwpo, fy llorio, nes fy mod yn fashgal.

* * *

Y gamp yw sefyll ar y bws; os gadawaf y bws ym Mhontypridd, mae'r cynllun yn rhacs.

Coch yw wyneb y gyrrwr tew. Ody e'n tanco mwy am fod ei

waith mor ddiflas? Dim gwên, dim whibanu caneuon opera, dim ond symud llaw yn beiriannol. Newidia i'r ail gêr cyn stopio'r bws yn sydyn, a defnyddio'i ddwy law enfawr i godi'r brêc bach. Mae pob teithiwr yn edrych arno am fod y bws ar ongol o bedwar deg pum gradd.

Daw dyn ifanc â gwallt hir i mewn, gan dalu'n glou. 'O's rhywun yn eiste fan hyn?'

Siglaf fy mhen. Gwelaf ei adlewyrchiad yn y ffenest tra mod i'n esgus edrych ar y borfa sy'n tyfu dros olion y tipiau glo. Awgryma ei fola tenau fod hwn yn hoff o gerdded, o ymarfer corff, yn wahanol i'r rhan fwya o ddynion y Cymoedd.

'Gwyrth.'

'Beth?'

'Bydde neb yn meddwl fod twll uffern o dan y borfa.'

'Wedodd Mam wrtho i i beidio siarad â dynion dierth.' Gwenwn ar ein gilydd. Mae hwn yn wahanol, ei wên yn ddiffuant a'i ddannedd yn lân. Trueni nad oes mab 'da fi fel hwn.

Estyn ei law. 'Dave.'

'Chi halodd y . . . garden.' Cocha wrth whilo am eiriau. Cydiaf yn ei fraich. 'Pam?'

'Pryd ddethoch chi mas?'

'Sbel yn ôl.'

'Mae wedi bod yn anodd.'

'Mae *yn* anodd.' Teithia'r bws dros bont y rheilffordd a llithro i mewn i'r pentre, heibio'r siop bapur ar y dde a'r tŷ bach Edwardaidd ar y whith. Gwena. Cwyd ei aeliau.

'Elsie . . . '

'Diolch am eich help . . . '

'Sdim eisie diolch . . . '

Codaf. 'Dwi ddim yn moyn i neb fusnesan . . . '

'Gallwch chi wneud cymwynas?'

'Dim nawr.'

Mae'n whilmentan drwy ei bocedi a gwenaf yn wanllyd ar y pâr oedrannus yn y sedd tu ôl. 'Rhywbeth bach, llythyr . . .

chwe llinell.'

'Na.' Sgrifenna rif ffôn i lawr. Cyn iddo estyn darn o bapur gwasgaf fotwm coch y nenfwd. Daliaf fy ana'l pan ddaw'r mwg trwchus o'r bibell ecsôst. Rhed Dave i gefn y bws, i godi'i law.

* * *

Am ddeg y bore saethodd lorri heibio a siglo'r ffenest, ton yn sgubo dec. Unwaith 'to ro'n nhw wedi fy ngadael yn y gwely er fy mod yn moyn bod yn rhan o'u bywyd bob dydd. Y noson 'ny byddai Howard yn tynnu ei sbectol, ei glanhau a dweud: 'Wnethon ni adael llonydd i ti, er dy les dy hun.'

Ers dyddiau, wythnosau, roedd rhywbeth yn y gwynt, y ddau'n sibrwd, yn wincio ar ei gilydd fel plant ar iard ysgol.

'Beth oedd hwnna?'

'Dim byd, Mam, paid â becso.'

Cyrraedd gwaelod y sta'r ble roedd pentwr o lythyron i bawb ond y fi. Dim nodyn ar y ford yn y stafell fyw, dim ond briwsion bara. Casglu nhw yn fy llaw, codi clawr y bin plastig gwyn a'u gollwng i mewn. Troi'r radio ymlaen. Roedd stori am ferch ysgol o Gymru oedd wedi mynd ar goll yn Llydaw. Moeli fy nghlustiau am taw hon oedd un o fy hoff drefi glan-y-môr, Concarneau. Shwt allai rhywbeth mor erchyll ddigwydd ar draeth mor bert?

Yn yr hen ddyddiau darllenwn i bapur o glawr i glawr, cofio'r cynnwys a'i drafod â'r teulu amser te. Nage dim ond straeon Cymru, ond straeon y byd. Gallai ddigwydd 'to. Pam lai? 'Na i gyd sy eisie yw diferyn o olew ar y peiriant.

Roedd fy mag lledr du yn ei le arferol, o dan ford y cyntedd. Beth ddiawl . . . ? Whilo a whilo. Roedd rhywun wedi mynd â'm pwtsh a'r llun o Mam. Oedden nhw'n meddwl . . . ? Roedd yn anhygoel, fel bod mewn cell. Drwy lwc, ar ben y silff-ben-tân yn y stafell fyw gadawsai Siôn ei arian cinio.

Golchais bentwr o blatiau, powlenni a chwpanau, a chlau'r staeniau sâm yn y ffwrn. Roedd eisie llenwi'r fowlen goch deirgwaith â dŵr berw a gwisgo'r menig melyn. Cael blas ar y gwaith bôn braich a gwenu yn y drych.

Codi'r papur oedd ar y ford a darllen y dudalen flaen. Roedd y ferch wedi bod ar ei gwyliau gyda'i rhieni ac wedi dweud ei bod yn mynd i gwrdd â Ffrancwr ifanc yn y dre nesa. Dywedodd yr heddlu eu bod wedi ymchwilio'n drylwyr a bod y Ffrancwr ddim yn bod. Roedd ei rhieni wedi rhoi dyddiadur i'r heddlu heb edrych arno, dyddiadur oedd yn dangos ei bod wedi cwrdd â llawer o Ffrancwyr, nifer ohonyn nhw'n ganol oed. Roedd hi'n ddeunaw, a'i rhieni'n credu o waelod calon ei bod hi'n ddiniwed.

Sychu dwylo yn y lliain. Fyddai Howard yn cwato rhywbeth? Os felly, ble? Roedd y syniad yn hala cryd arna i. Se Howard yn gwbod fy mod yn ei amau, byddai fy mywyd ddim yn werth ei fyw.

Yn yr ardd canai gylfinir ac agorais y ffenest. Doedd yr hen glyw ddim fel yr oedd flynyddoedd yn ôl pan o'n ni'n briod ers blwyddyn ac yn dathlu yn ein fflat, tamed o le, dwy stafell a thŷ bach, ochor draw i'r stesion ym Mhontypridd. Llenwai miwsig y Rolling Stones y fflat. Pobol strêt, ddi-fflach oedd yn hoffi'r Beatles. Sibrydai Jan, fy ffrind gorau, ei ffantasïau am ddynion yn fy nghlust, a fi'n gwrando ar yr hyn a ddywedai Howard wrth ei ffrind gorau, Gareth, yr ochor arall i'r stafell fyw wrth ddrws y tŷ bach. Gwaeddai, y lagyr Stella yn ei feddwi a fe'n swanc i gyd, gan ddweud ble byddai'n cwato rhywbeth pwysig na fyddai ei wraig fyth yn dod o hyd iddo. Trodd, a sylwodd fod fy llygaid arno. Chwarddodd yn wag.

Roedd cân y gylfinir wedi dod i ben. Cerddais i'r cyntedd, troi bwlyn y drws, a mewn â fi i'r parlwr. Hwn oedd y lle sanctaidd, a phan oedd Siôn yn fach galwai'r stafell yn Mecca; Howard oedd wedi dweud y gair am fy mod i wedi gorchymyn pawb i dynnu eu sgidiau cyn cerdded ar y carped coch newydd sbon.

Uwchben y lle tân hongiai hoff lun Howard, llannerch mewn coedwig, oasis mewn anialwch. Pan dynnais waelod y llun, cwympodd darn o bapur i lawr ac aeth yn sownd tu ôl y tân nwy. Penlinio, estyn, a'i dynnu mas gyda dau fys.

Fy enw i oedd ar yr amlen ac, ar y chwith, enwau'r cyfreithwyr, Right a Grasp. Os meddyliai Howard fy mod i ar fy ngliniau, ro'n i'n barod am rownd arall.

15

Roedd y trên yn llawn o fyfyrwyr yn teithio i ddarlith dau o'r gloch ym Mhrifysgol Morgannwg, eu hwynebau yn eu llyfrau, yn credu fod yr atebion i gyd ynddyn nhw. Duw a'u helpo nhw. Yn Nhrefforest gwagiodd y trên. Ar ôl gadael Llandaf gwaeddai'r dyn tocynnau yn y cerbyd nesa a theimlwn y chwys ar fy nhalcen. Dim ond punt oedd arian cinio Siôn. Beth wnelen i? Cochi, siŵr o fod, fel croten heb wneud ei gwaith cartre. Arafodd y trên a throdd y dyn tocynnau yn ôl. Cyrraedd stesion Cathays. Ochneidiodd y drysau wrth agor. Awyr iach. Rhyddhad am nad oedd neb yno i tsiecio tocyn.

Meddwl y gallai hwn fod yn ddiwrnod lwcus. Pioden oedd Mam, yn casglu bwyd, llyfrau a chelfi; roedd stori yn ein teulu ni taw hi oedd yr unig fenyw yn Ne Cymru a gariai fag du i mewn i siop Oxfam a dod mas â dau. Roedd y lluniau yn ei pharlwr yn werth miloedd a'r stafell mor llawn fel y galwem hi'n Llofft y Castell fel yr un yn yr Amgueddfa Werin.

Eistedd am fod yr hen sodlau'n rhoi lo's, y sgidiau gwyrdd golau'n rhy dynn. A dweud y gwir, doedd eu lliw ddim yn siwtio'r ffrog haf goch. Yn waeth byth, roedd fy ngwallt yn seimllyd.

Beth ddiawl oedd yn bod arno? Pam wnaeth e ddim dangos y llythyr? Oedd e'n amau y bydden i'n dweud, yn gwneud rhywbeth dwl? Roedd yr hyn a wnaeth yn ffiaidd.

Daliwn yr esgid o hyd yn fy llaw dde.

'Ody Sinderela'n cael mynd i'r ddawns?' meddai dyn mewn cot fawr ddu.

'Ble mae Right a Grasp?'

'Yr ail droad ar y dde.' Cododd ei het cyn cerdded ymlaen. Roedd drws ffrynt gwydr y swyddfa ar agor a dwy deipyddes dew yn teipio'n araf; tu ôl iddyn nhw, ar silff, roedd tamed o wyntyll yn cael gwaith troi.

'Rwy wedi dod i gwrdd â Mr Right.'

'Enw?'

'Elsie Cosslett.' Tra siaradai ar y ffôn, agorais ddrws derw a cherdded i lawr coridor hir.

'Ble chi'n mynd?' Cyflymu. Troi cornel. 'Sdim hawl 'da chi,' meddai'r llais uchel, ond ni chlywai'r criw oedd wedi eu cau yn nhanc mawr y swyddfa bell. Roedd bochau'r cyfreithiwr fel rhai pysgodyn aur.

Agor y drws. Cwympodd gwep Howard. 'Os yw hi 'ma, rwy'n mynd,' meddai Helen, gan godi.

'Peidiwch â gadael i fi sbwylio'r trefniadau,' meddwn. Rhedodd Helen mas a Howard yn sownd wrth ei chwt.

'Chi'n iawn?' gofynnodd y cyfreithiwr.

'Allwn i fod yn well.'

'Roedd eich mam yn fenyw arbennig.' Tynnodd ei neisied mas a sychu ei wyneb. Mewn munud daeth Howard yn ôl ar ei ben ei hun. 'Rwy'n falch fod pawb yn bresennol,' meddai'r cyfreithiwr. Pan edrychais i fyw llygaid Howard, trodd ei ben yn sydyn a symudais fy nghadair yn bellach oddi wrtho, yn nes at y cyfreithiwr. Agorodd y cyfreithiwr amlen a darllen rhagarweiniad. Oedodd. Edrychodd dros ei sbectol.

'I fy mab-yng-nghyfraith annwyl, Howard, gadawaf lun o Fynydd y Garth.' Trueni. Cofiais werthwr hen bethau'n dweud y dylwn i gynnig y llun i siop Oxfam am ei fod yn werth cwpwl o sylltau. 'Mae colli cof yn broblem fawr yn ein cymdeithas ac mae angen ymchwil drylwyr ar frys. Am y rhesymau hyn dylid gwerthu fy fflat a rhoi'r arian i elusen Alzheimers . . . ' Tynnodd ei sbectol ac edrych i lawr ar y ford. Suddais yn y gadair. 'Dyna'r cyfan. Diolch.'

Cododd pawb ond y fi. 'Byddai'n well set ti wedi sefyll gartre,' sibrydodd Howard yn fy nghlust. Gadawodd pawb arall y stafell. Yn hurt ar hyd yr hewl roedd sgrech seiren ambiwlans.

* * *

Crwydrais o gwmpas y dre yng nghanol y siopwyr oedd yn dala eu bargeinion munud-ola. I mewn â fi i siop fawr heibio menywod y lipstic coch disglair a wenai'n wag. Slawer dydd bydden i wedi stopio i brynu lipstic newydd, unrhyw beth a droai yn ôl lanw henaint. Canai'r miwsig cefndir yn wawdlyd. Sgubodd lifft fi i'r trydydd llawr, fel darn o bren ar afon uchel, i'r caffi ble prynais ddyshgled o de ac eistedd wrth ford yn y gornel, ymhell o bawb. Ife fi oedd yn dychmygu, neu a oedd pawb yn edrych arna i?

Tu fas disgleiriai goleuadau'r Nadolig mewn hanner cylchoedd uwchben yr hewl fawr. Cannoedd o angylion plastig. Dilyn fy nhrwyn. Ar y chwith, i lawr hewl fach, safai tafarn ble roedd Howard a fi'n arfer cwrdd pan o'n ni'n caru. Lle i ga'l llonydd, lle i rannu cyfrinachau. Yno un noswaith roedd wedi sibrwd yn fy nghlust.

'Ti'n gofyn imi dy briodi di?'

'Odw,' meddai.

'Wel, 'na fe 'te.' Serch y ras wyllt i godi gwestai, sinemâu a swyddfeydd yng nghanol Caerdydd, roedd yr hen dafarn 'na o hyd. O leia, roedd fy ngorffennol yn gyfan.

Prynu wisgi. Pam? Dim syniad. Fel arfer, dim ond mewn coffi yr o'n i'n gallu yfed y stwff. Gwenai'r barman wrth gynnig gwydryn yn araf. Yfed y wisgi ar ei ben a phrynu un arall. Dod o hyd i gwtsh ar y chwith ac, wrth i'r rheolwr ddod i mewn a rhythu arna i, daeth miwsig fel taran o'r peiriant. The Pogues. Troi fy mhen. Dim ond dynion oedd yn y bar, y rhan fwya'n labrwyr yn llawn llacs, rhialtwch a thynnu coes.

Yn y cwtsh tywyll, cydio yn y gwydryn gwag. Yr eiliad honno gwelais Mam ar stepen drws y gegin, yn sefyll â'i breichiau wedi'u plethu, yn edrych arna i'n hanner cellweirus, yn hanner crac, y prynhawn y llithrais i lawr y bancyn, pan aeth darn o lo i mewn i'm pen-glin. Wn i ddim beth oedd yn mynd drwy dy feddwl, Mam, wrth sgrifennu'r ewyllys. Oedd dy gof yn mynd, y darnau allweddol o'r jig-so'n diflannu? Ta beth ddigwyddodd, wnei di faddau i mi? Am beidio bod gyda ti. Am beidio dala dy law yn ystod y diwrnodau, yr oriau ola. Cofiais y geiriau: 'Dim ond un fam sy 'da ti.'

Lan i'r bar, wisgi arall, heb y lemonêd y tro hwn, i leddfu brathiad euogrwydd. Pan gyffyrddodd Gwyddel tal fy nghefn, codais fy ffrog yn gellweirus. Côr o chwibanu hir, gwawdlyd.

Cerdded yn garcus at y ford am fod rhywun arall yn y cwtsh, medaliwn aur am ei wddwg, gwallt du, golwg Sbaenaidd. Gwynt garlleg yn gryf ar ei ana'l.

'Chi'n iawn?'

'Wrth gwrs.'

'Peidiwch â dweud celwydd. Mae eisie codi'ch calon.' Gwrandawodd ar fy nghwyn cyn sôn am ei briodas, ei dor priodas. Am oriau. Ailadrodd y geiriau: 'Roedd hi'n gwmws fel chi.' Ar ôl y chweched gwydraid pwysodd ymlaen a dodi ei law ar fy llaw. Codais. Yn y golau gwibiog edrych yn fanwl ar y watsh. Esgyrn Dafydd, hanner awr wedi deg, roedd y bws ola'n mynd mewn deng munud. Cerdded lan y sta'r. Bad mewn storom. Yn yr awyr iach cydiodd ei fraich am fy ysgwydd. 'Wna i eich hebrwng i'r stesion.' Cerddwn yn igam-ogam. Dal yn ei ganol. Pan wenodd sylwais fod y gwin coch wedi staenio'i ddannedd.

Heibio hen westy di-ra'n. 'Dere â chusan.' Troi fy mhen. 'Y slwten, so ti wedi talu am ddim heno.' Siglo fy mhen. 'Mae arnat ti rywbeth i fi . . . ' Cydiodd yn fy mag a gwagio'r cynnwys ar y pafin, y neisiedi a'r pwff powdro. 'Mae'r ddyled yn fawr.' Troai fy mhen. Cydiodd yn fy mraich dde, tynnu fi fel brwsh cáns a'm hwpo nes imi gwympo i lawr sta'r cerrig. 'Cer i'r diawl. Ti'n haeddu neb.'

Roedd fy mhen fel cylch-dala-deis mewn casino ac ochor fy nhalcen yn brathu. Cerdded ar fy mhedwar am dragwyddoldeb nes cyrraedd top y sta'r. Yn ystod yr hanner awr nesa chwarddai dynion ifanc, poeri drwy'r barrau ac arllwysodd un ei lagyr dros anafiadau fy nghoes. Ro'n i'n moyn gadael y byd hwn.

* * *

Nos Sul. Edrychodd y newyddiadurwr canol-oed ar hyd y stafell newyddion wag. Roedd yn hanner nos. Dim ond un alwad oedd ar ôl cyn y gallai fynd yn ôl at ei wraig. Gobeithiai nad oedd hi wedi blino gormodd a gwnâi ei orau glas i anghofio am ffraeo'r wythnosau diwetha am ei waith shifftiau. Eisteddodd i lawr ac edrych ar y sgrin. Doedd dim llawer yn digwydd, gyrrwr beic modur wedi'i anafu yng Nglyn Ebwy, dim byd i wneud stori flaen. Ffoniodd Brif Swyddfa Heddlu Caerdydd. 'Dim llawer,' meddai rhingyll yn ddiflas.

'Pam mae nos Sul mor gyffrous?'

'Sefwch funud . . . '

'Ie?'

'Menyw o dan ddylanwad, wedi anafu ei hun yn fwriadol.'

Pan glywodd yr enw, ffoniodd rif arall a gadawodd neges. 'Os yw'r papurau'n cyhoeddi'r stori, gall achosi problem . . . '

Hanner awr yn ddiweddarach, parciwyd y Jaguar coch yng nghefn yr orsaf wrth ochor car yr Arolygydd, Rover du newydd sbon. Tu ôl ei ddesg darllenai'r rhingyll y *Sun*.

'Lluniau diddorol?'

'Rwy'n darllen y stori.'

'Cer o 'ma.'

'Ga i eich helpu chi?'

'Rwy'n chwilio am Mrs Cosslett.'

'A chi yw . . . ?'

'Mr Cosslett.'

'Rwy'n flin, o'n i'n meddwl eich bod chi wedi gwahanu.'

'Rwy am roi cynnig arall arni.'

'Dyfalbarhad, ife?'

'Ie.'

'Ry'n ni'n ei chadw hi i mewn dros nos. Mae'n bosib y bydd yn cael ei chyhuddo o fod o dan ddylanwad . . . ' Pan dynnodd Howard bapurau deg punt mas o'i boced, edrychodd y rhingyll i'r dde a'r chwith.

'Mae'r bòs yn gwybod.'

'Os felly . . . '

* * *

'Fy mai i oedd e.'

'Na, fy mai i.' Llefwn ar ei ysgwydd.

'Dylwn i fod wedi dod 'nôl yn gynt.'

'O'n i ddim yn haeddu hynny.'

'Wyt ti'n iawn, cariad?'

'O's rhywun arall?'

'Elsie, rwy'n dy garu di.' Gyrrodd Howard yn ôl. Stopio wrth oleuadau traffig a neb ar y pafin a neb arall ar yr hewl. Profiad rhyfedd, meddyliodd Elsie.

'Ble mae Siôn?'

'Ar drip ysgol.'

'Mae wedi mynd?'

'Mae wedi ca'l ffydd yn ei hunan ar ôl sefyll lan yn erbyn Chris Zuffrosky a'i griw. 'Na beth sy eisie arnat ti. Ffydd.' Pan grynais i o dan y flanced lwyd, pwysodd ymlaen a throi switsh y twymydd yn uwch.

Roedd yn braf teimlo'r rheidydd yn y cyntedd. 'Ble ti'n mynd?'

'I ddodi eli ar fy nghoes.'

Cydiodd yn fy llaw. 'Dere, gorffwys yn gynta.'

'Na, paid.' Cariodd fi lan y sta'r heb stopio i ga'l ana'l. 'Odw i'n drwm?'

'Fel plufen.' Yn y stafell wely tynnais fy nillad ac estyn bysedd fy nhraed o dan y garthen glyd.

Clywais sŵn dierth, drws yn cael ei gloi. 'Howard, beth ti'n

98

neud?' Siglo'r drws, gwrando.

Siaradai â rhywun ar y ffôn poced. 'Rwy'n flin, mae Siôn yn whare lan. Galwa i di'n ôl.' Mor gwrtais, mor foneddigaidd. Safwn tu ôl y cwpwrdd dillad pan agorodd y drws ac yn ei lygaid roedd dicter a rhwystredigaeth priodas oedd wedi chwalu. Pan ddigwyddai hyn mewn hunlle, ro'n i gwastad yn dihuno a dianc. Wadodd e nes bod ei ddwylo'n dost. Wadodd fel peiriant mas o reolaeth. Doedd dim lle i gwato dan y flanced ac ro'n i fel doli glwt mewn gwter.

Llusgo fy hun i'r tŷ bach cyn edrych ar ddrychiolaeth yn y drych. Doedd hi ddim yn ddiwedd y byd am y byddai'r cleisiau'n diflannu. Fel y diflannodd ein cariad.

16

Pam wyt ti'n edrych fel 'na drwy ffenest y gegin ar y Garth? Breuddwydiwr wyt ti, Dave. Wnei di fyth lwyddo: dylet ti fod mewn coleg, mewn seminarau, yn trafod damcaniaethau am fod y byd mawr yn arw.

Deil y llythyr yn llipa. 'O leia, trion ni . . . ' Tynnaf y llythyr o'i law a'i ddarllen wrth iddo eistedd yn llonydd.

'Mae'r Awdurdod Iechyd wastad yn gwerthfawrogi sylwadau'r cyhoedd . . . '

'Mae rhywbeth wastad yn digwydd ar y mynydd, y piod neu'r paragleidwyr yn hedfan,' medd Dave. 'Shw mae'r ymgyrch?'

'Ti ddim yn gwrando. Rwy newydd ddweud wrthot ti. Mae'r misoedd diwetha wedi bod yn anodd, gadael y tŷ, croesi'r hewl, dala'r bws i Bontypridd ac yn ôl ac yna cerdded yn syth adre . . . Ces i ddim help o gwbwl 'da neb.'

'Pam wnei di ddim gofyn?'

Darllen y llythyr. 'Eto, ar sail yr ymholiadau a dderbyniwyd, gallwn gasglu nad yw bod yn gaeth i dabledi cysgu'n broblem gyffredinol yn yr ardal hon.'

'Beth yw'r cam nesa?'

'Dydd Llun bydda i'n cerdded hanner milltir i'r orsaf, yn dala trên i Gaerdydd ac wedyn yn ôl yn syth. Dim oedi. Dy gam nesa di?'

'So i'n gwbod.' Uwchben y Garth gwelaf gymylau du'n nesáu. Yn y gegin try'r llonyddwch yn wagle y mae'n rhaid ei lenwi.

'Digwyddodd rhywbeth od y bore 'ma. Daeth dim papur.'

Cwyd Dave ei ben. 'Fel arfer, mae'r bachgen papur fel y banc.' Cofleidia fi.

'Ti'n athrylith.'

'Gan bwyll.'

'Ti'n fenyw a hanner.' Penlinia a chydio yn fy llaw.

'Na, rwy'n rhy hen i dy briodi di.'

'Se'r papur lleol yn gwneud stori am yr hyn ddigwyddodd, fyddet ti'n fodlon cyhoeddi dy enw?'

'Os yw'n helpu unrhyw un.' Sugnaf fy ana'l i mewn.

'Beth sy'n bod, bach?'

'Sneb wedi fy nghanmol ers blynydde.' Pall y glaw mor sydyn ag y dechreuodd.

* * *

Dihuno yn y tywyllwch yn tsiwps diferu. Troi a throsi. Hen hunlle wedi dod nôl fel bwli ysgol. Pam mae rhywun yn tynnu llinynnau'r pypedau hurt?

Cofio pan o'n i'n fach, pan ddigwyddodd rhywbeth mawr. Ar y dechrau, roedd fel gwylio ffilm mewn iaith dramor. Canol Awst oedd hi ac ro'n ni i gyd yn edrych ymlaen at fynd i Lydaw, ond ces i fy hala i lawr i Abertawe at Eunice, cnithder Mam, menyw gapel a'i chartre'n llawn llyfrau, gan gynnwys hen esboniadau Beiblaidd. Doedd hi ddim yn hoffi miwsig pop ac roedd y llestri gorau ar y ford bob amser te.

O'n i'n ffaelu cysgu'n iawn ac, yn waeth na dim, yn gorfod codi am chwech bob bore. Yn waeth na bod mewn ysbyty. Bob bore roedd chwistrell neu frwsh plu yn ei llaw wrth iddi drefnu ymgyrch yn erbyn gelyn y bydysawd, llwch. Pan ddeuwn yn ôl o'r ardd, archwiliai fy nillad fel swyddog yn amau mewnfudwr mewn maes awyr.

Ro'n i'n falch o gael mynd adre. Cofleidiodd Mam fi'n beiriannol.

'Ble mae Dad?'

'Wedi mynd.'

'Mynd?'

'I Awstralia. Wedi cael sgwt ymla'n.'

'Sgwt?'

'Jobyn newydd. Cyfle oedd yn rhy dda i wrthod.' Roedd hi wrth y sinc a'i phen i lawr. 'Daw eto haul ar fryn.'

'Gawn ni fynd? I Awstralia?'

'Mae'r lle'n llawn corrod sy'n dy fyta di'n fyw.'

Yr un wythnos daeth dyn i fyw yn y stafell gefn lan llofft, Wncwl Dai. David oedd ei enw cynta ond doedd neb yn gwbod ei gyfenw. Ar y dechrau, roedd fel chwa o awyr iach. Bob bore Sul gwisgai drwser coch a chrys melyn a chwibanai ar y bobol capel yn eu dillad llwyd. Roedd ddeng mlynedd yn ifancach na Mam. Bob bore âi hi â dyshgled o de i'r dyn â'r gwallt hir golau, y mwstásh Zapata a'r wyneb brown oedd yn y gwely o hyd. Doedd e ddim yn hidio am reolau. Weithiau yn y nos pan o'n i'n ffaelu cysgu ofnwn fynd lawr sta'r am fod y radio mlaen yn rhy uchel yn y stafell fyw.

Yn y tymor cynta dodwn gwm cnoi ar gadair Sioned yn lle gwrando ar Mr Williams yn siarad fel pwll y môr am wledydd pell. Ond yn yr ail dymor dechreuais i ofyn cwestiynau.

'Elsie, mae'r llyfr yn dweud nad yw'r aderyn hwn yn byw yn y jyngl yng nghanol Brasil.'

'Mae Wncwl Dai yn dweud ei fod e.'

'Shwt?'

'Mae e wedi bod 'na.' Gwenai'r plant ar ei gilydd pan drodd yn ôl at ei fwrdd du.

Rhoddai Mr Williams ormodd o waith cartre, ond y tro hwn ro'n i wrth fy modd. Gofynnodd inni wneud map o'n hoff wlad a sgrifennu am ei phobol, ei heconomi, a stori am unrhyw un oedd wedi gweithio yno. Sgrifennodd Lowri am Gymru, a Sioned a Stephanie am lefydd ble buon nhw ar eu gwyliau yn yr haf, Ffrainc a'r Eidal. Dewisais i Brasil. Ro'n i wrth fy modd yn gwrando ar Wncwl Dai am ei fod wedi mentro i'r llefydd lle nad oedd dyn gwyn erioed wedi bod. Yn y nos, ar ôl te, rhowliai fwgyn mewn un llaw, ei gynnau ac adrodd ei storïau tra oedd Mam yn gwau yn y gornel.

'Dwi erioed wedi cael gyrfa,' meddai. 'Dim ond dilyn fy nhrwyn, cael arian mawr.'

'Pam o'ch chi'n cael arian mawr?'

'Am fod y gwaith yn beryglus. Gweithio am chwe mis a gorffwys chwe mis. Yn Brasil ro'n i'n gosod pibelli ac yn cysgu yn yr awyr agored, gan gadw dryll o dan fy nghlustog.'

Sgrifennais am y blodau coch, oren, melyn a pinc ar lawr jyngl yr Amazon, y 30,000 o fathau gwahanol o bili-pala, a'r gelod anferth a lynai wrth groen dyn a sugno'i waed tra oedd yn cysgu. Digon i hala ofon ar unrhyw un.

'Da iawn,' meddai Mr Williams wrth roi'r llyfr yn ôl. 'Ti wedi cael hwyl arni.'

Bob bore Sadwrn roedd pump ohonon ni'n whare yn y lôn gefn. Un bore, wrth osgoi Huw, oedd ar ei feic rasio cyflym, cwympais i'n glatsh a chrafu fy mhen-glin yn erbyn wal y rheilffordd.

'Elsie yn y baw,' canai Huw. 'Yn llefen y glaw.'

Yn sydyn gwelais i Wncwl Dai'n agor ei ffenest a rhan ucha'i gorff mor frown ar fore mor llwyd. Gwaeddodd rywbeth.

'Beth?' Daliodd ei freichiau ar led. Neidiais i ar y beic, ei yrru a dala fy mreichiau ar led. Pan edrychais i'n ôl, dilynai pawb, gan gynnwys Huw, mewn rhes.

* * *

Y diwrnod mawr. Oedi ar y grisiau cyn troi'n ôl a rhedeg i'r ciosg i brynu cylchgrawn. Ar y platfform codi coler am fod y gwynt yn gyllell. Gweld yr arwydd. Agor drws y stafell aros ble mae'r gwres yn fy lapio. Eistedd y dyn canol-oed yn rhythu ar groesair ei bapur, y *Daily Telegraph*.

'Beth o'r gloch yw hi?' Pwyntia at gloc mawr y gornel heb godi'i ben. Dyn BBC neu HTV yw hwn â chot fawr cyfreithiwr, ond ei dei wedi'i glymu'n llac. 'Oes trên i Dreherbert cyn bo hir?' Cyffwrdd ei wefus isa â'i fys. 'Rwy'n flin.'

Eisteddaf ar y fainc bren, gan groesi fy nghoesau a symud fy mhen-ôl bob hyn a hyn. Trof dudalennau'r cylchgrawn yn glou. Cwyd, sefyll o flaen y tân cyn eistedd unwaith eto. Teimlaf ei lygaid arnaf, yn pipo'n slei, a phan godaf fy mhen, edrych o hyd. Bron nad yw ei lygaid fel llygoden ffyrnig. Ody e'n lluo'i weflau, neu fi sy'n dychmygu? Pam nad yw e'n datrys y cliwiau? Gwag yw'r sgwariau gwyn. Gan bwyll, Elsie, paid â mynd o flaen gofid.

'Chi'n dod o Dreherbert?' Yn ffug-gyfeillgar fel swyddog personél ar ddechrau cyfweliad.

'Odw.' Odw i'n gorfod siarad â hwn?

'Chi'n gweithio?'

'O'n i'n arfer gweithio.'

'Roedd fy ngwraig yn arfer gweithio.'

'Ond . . . ?'

'Dim.'

Trueni. Ody e'n unig? Cyn imi gael cyfle i feddwl, eistedd wrth fy ochr a'm calon fel gordd. Tynnaf ei fraich oddi ar fy ysgwydd. Ddwywaith. Mae gwynt hŵd a chwrw ar ei ana'l ac ar ei wddwg mae gwaed wedi ceulo a diferion bach wedi sychu ar goler ei grys. 'Beth ddigwyddodd i'r fenyw gyfeillgar?'

Fydda i'n cyrraedd adre? Byth? Cryn fy llaw yn fy mhoced wrth gofio fod y ffôn agosa y pen arall i'r platfform.

* * *

Pan egyr y llenni am un ar ddeg pwnia'r heulwen ei ben fel morthwyl. Cwyd Dave y trwser, crys, a sanau sy wedi eu gadael ar y llawr wrth y ffenest. Dyw e ddim yn cofio pryd y daeth yn ôl. Dyw e ddim yn cofio i ba glwb swnllyd yr aeth e ar ôl un o'r gloch. Os yw'r injan yn swrth, sdim byd fel alcohol i'w thanio. Dyna oedd y syniad neithiwr. Pan gyrhaedda'r cyntedd, edrych yn y drych a gwêl wyneb gwelw a llygaid coch.

Mae'r ffôn yn canu. Beth ddiawl? Am ryw reswm, oeda cyn

agor drws y stafell fyta. Mae'n nabod y llais, llais o'r gorffennol ond llais y mae'n ymddiried ynddo. Try yn ôl a chodi'r ffôn hanner ffordd drwy neges y peiriant ateb.

'Shw mae, Joe? Ddim yn ffôl . . . a ti? Dal i gredu . . . Wela i. Faint o enwau? Arglwydd!'

* * *

Yn y stafell aros, sy'n gwynto fel hen dŷ, perthyn y meinciau pren i oes arall. Rhwta'r diawl smotyn harddwch fy moch cyn cilio. 'Pwy mor amal chi'n siarad â dynion dierth?' Saif o flaen y drws, yr unig ddrws.

'O'n i'n trial bod yn gwrtais.'

'Chi wastad yn gwrtais?'

'Odw.'

'Na. Beth yw'ch enw?'

'Pam ddylwn i ateb?'

'Oes rywbeth 'da chi i'w gwato?' Symuda yn nes, edrych yn fanwl arna i cyn edrych drwy'r ffenest. 'Ers pryd mae'ch gwallt yn olau ac yn fyr?' Pesycha fel diacon cyn cyhoeddi. 'Pa mor amal chi'n dala trên?'

'Ife arolwg yw hwn?'

'Atebwch.' Cocha. Codaf yn wên o glust i glust, cerdded o gwmpas yn jocôs, gan edrych arno bob hyn a hyn. Tynha ei ddwrn de ac oedaf wrth y tân. Am eiliad saif dyn ifanc tal, sy'n cario bag canfas trwm, wrth y ffenest. Codaf fy llaw arno ond cerdda yn ei flaen. 'Chi ddim yn ffit i yrru.'

'Gyrru?'

'Dyw'r olwg naïf chwilio-am-gydymdeimlad ddim yn mynd i weithio. Dwi'n cofio, y Vauxhall coch newydd sbon, y dyn tal mewn siwt ddu wrth eich ochr, a'r fenyw ddiniwed ar y groesfan . . . ' Wrth i'r stafell dywyllu, rhytha'r meinciau arna i. 'Y fenyw ddiniwed oedd fy ngwraig. Oedd hi ddim yr un fenyw wedyn. Daeth ein priodas i ben.'

Pan hwpaf ei ysgwydd, tyn fy ngwallt. Cnoaf ei law. Bant â

fi drwy'r drws. 'Stopiwch!' Gorymdeithia rhes hir o blant ysgol gynradd bob yn ddau a throf i'w hosgoi, chwe modfedd o'r ymyl. Rwy mas o ana'l, yn marw am dabled. Pan edrychaf yn ôl mae ei lygaid fel rhai'r Gŵr Drwg. Rhua trên nwyddau heibio, y tryciau'n crynu ar y cledrau canol, yn crensian wrth frecio, yn pwnio'i gilydd, un ar ôl y llall. Nhw yw siomedigaethau fy mywyd sy wedi arwain at yr eiliad hon.

'Pwy sy'n agor y drws?' medd Siôn, ei lais yn uwch y tro hwn. Alla i ddianc? Daw syniad lleddf a llon, fy mod i'n moyn marw ond bod marw'n ddidrafferth. Teimlaf fy hun yn baglu. Sguba trên i mewn, cyffwrdd rhywun â'm braich, a bodda sŵn y trên sgrech.

17

Dihuno berfedd nos a'r stafell fel bola buwch. Ffaelu cael gwared ar y llun yn fy meddwl, y Garth rhwng dau liw, cerflun heb ben. Mae rhywun wedi torri pen y milwr mewn brwydr a'r awyr yn goch gan waed.

Oedd Wncwl Dai ar fai? Roedd rhywbeth yn sownd yn ei feddwl, hen staen na allai ei rwto bant.

Eisteddai Wncwl Dai yn ei gadair, yn esgus darllen y *Sporting Life*. 'O's rhywbeth yn bod?' Cododd ei lygaid glas diniwed uwchben y papur.

'Golcha'r llestri.'

'Os oes amser.'

'Amser? Cofia fod Eirlys yn dod am ddeg.'

'Eirlys?'

'Ffrind Elsie. Wnes i addo i'w mam hi neithiwr y byddet ti'n mynd â nhw i'r Amgueddfa.'

'Diolch am ddweud.'

'Croeso,' meddai Mam cyn gadael y stafell a chau drws y ffrynt.

'Ble mae Mam?'

'Wedi mynd â mam Eirlys i siopa yng Nghaerdydd.'

Er bod y ffenestri i gyd ar agor, roedd yn dwym yn y car a dillad yn glynu wrth groen. 'Pryd ni'n mynd i gyrraedd?'

'Cau dy ben.' Yn y lôn allanol sleifiodd bws heibio ac yn y cefn gwisgai tri dyn ifanc sgarffiau coch a dala cans cwrw uwch eu pennau. Canodd Wncwl Dai ei gorn. Agorodd drws y car o'n blaen a phwy ddaeth mas ond cwlffyn o ddyn a gydiodd yn ffenest y drws cyn bod Wncwl Dai'n llwyddo i'w chau.

'O's problem?'

'Dim o gwbwl.'

'Well i ti reoli dy hun.' Ar ei fraich dde roedd tatŵ, Rwy'n caru Mam.

'Rwy'n flin.' Bum munud yn ddiweddarach, pallodd yr injan a gorfon ni hwpo'r car am hanner canllath cyn cyrraedd cilfach. 'Sefwch yn y car,' meddai Wncwl Dai. 'Byddwch yn saff.' Mewn hanner awr daeth yn ôl ar ôl ffindo ciosg. Halodd y dyn AA awr cyn cyrraedd, a'r her nesa oedd dod o hyd i le i barcio am fod canol y ddinas ar gau. Gêm ryngwladol. Cymru yn erbyn Iwerddon. Tynnodd car mas pan o'n ni'n gyrru heibio Llyfrgell y Brifysgol. Ro'n ni i gyd yn meddwl fod dim digon o le ond gwasgodd Wncwl Dai i mewn i'r bwlch. Gwenodd arno'i hun yn y drych.

Do'n i nac Eirlys ddim wedi bod mewn amgueddfa o'r blaen: roedd yr orielau'n anferth a'r nenfydau'n cyrraedd yr awyr.

'Edrych, Elsie.'

'Waw!'

'Usht,' meddai'r gofalwr yn yr arddangosfa ddeinosoriaid.

'Wncwl Dai, rwy'n llwgu.'

'Ni'n mynd i rywle arall gynta.' Edrych ar hen luniau mawr diflas o arglwyddi a chadfridogion am hanner awr. Pan gydiodd Eirlys yng nghap y gofalwr oedd ar gadair, gwaeddodd Wncwl Dai arni. 'Rwy'n flin,' meddai Wncwl Dai wrth y gofalwr.

'Bydd raid ichi adael.'

Ar waelod coridor ar y llawr cynta roedd drws du a arweiniai at oriel wag hanner tywyll.

'Chi wedi colli'ch tafodau?'

'Beth yw hon?' gofynnais i.

'Maen nhw'n adnewyddu . . . '

'Adnewyddu?'

'Paentio . . . '

'Ond sdim gwynt yn unman,' meddai Eirlys. Trodd hi'r

golau mlaen. Doedd dim ffenestri. Roedd y lle'n dawel, yn rhy dawel, yn debyg i rywle yn Ne America yr oedd Wncwl Dai wedi'i ddisgrifio: man ble roedd bywyd yn dod i ben, ble roedd anifeiliaid a phobol yn cael eu haberthu, ble roedd yr erchyllterau mwya tu hwnt i feddwl plentyn. Ble roedd diniweidrwydd yn dod i ben.

Yng nghanol yr oriel roedd siâp o dan liain gwyn. Tra edrychai pawb arall ar y walydd, ces i syniad. Her, prawf dewrder. Rhedais i a thynnu'r lliain bant ac oddi tano roedd cerflun heb ei gwpla, yn erchyll, dyn heb ben. Am eiliad, teimlwn gyhyrau rhydd ei wddwg, degau o wifrau. Tynnu fy llaw yn sydyn am fy mod yn meddwl eu bod yn fyw. 'Doda'r lliain yn ôl,' gwaeddodd Wncwl Dan. 'Neu bydd yn cwrso ar dy ôl di.'

Anghofia i fyth. Roedd defnydd y lliain yn denau, yn dangos ei ddannedd ac fel hyn rwy wedi wedi bod, yn ffaelu cwato'r siâp. Yn orielau hanner tywyll fy hunllefau daw'n ôl dro ar ôl tro.

Y fi oedd yr ola i gael ei gollwng. Yn gynta, gyrrodd Wncwl Dai i lawr i Benarth a hebrwng Eirlys at ei mam a safai tu fas i dŷ mawr ger y llyfrgell yng nghanol y dre. Gwenodd ei mam, rhoi tusw o flodau i Wncwl Dai a chusanodd hi ar ei boch. Dododd y blodau ar y sedd gefn. 'Hufen iâ?'

'Pam lai?'

Ar ôl inni gyrraedd Penarth daliodd ei ben i lawr yn y gwynt. Teimlais i'r oerfel pan agorodd y drws.

'Dylwn i fod gartre o flaen tân.'

'Ti'n iawn.'

Dim ond ein car ni oedd ar y prom wrth i'r niwl trwchus ein hamgylchynu. Roedd arwydd niwl yn y pellter fel anifail yn brefu. Llymprais i'r hufen iâ. Crynwn.

'Rwy'n flin.' Aeth i'r gist i nôl jymper fel gŵr bonheddig. 'Gwisga hon yn glou . . . o'n i ddim yn gwbod fod man geni 'da ti fan'na.'

'O's e?'

'Yn y jyngl roedd pawb yn troi ata i am help, o'r peth lleia i'r peth mwya.'

'O'n nhw?'

'Achubais i fywyd dyn . . . cyn i feddyg gyrraedd o'r dre agosa, hanner can milltir bant.'

'Allwn ni fynd yn ôl nawr?'

'Dwi ddim yn credu fod rhywbeth o'i le ond dylwn i ga'l pip, rhag ofon . . . ' Troais i'r olwyn fach ar y sedd a newid yr ongl. Roedd ei law yn dyner cyn i rywbeth ddigwydd, cyn iddo rwygo'r parsel fel plentyn awchus. Ychydig o funudau'n ddiweddarach, cribodd ei wallt cyn tanio'r injan. 'Paid â dweud gair wrth neb. Os gwnei di, weda i beth ddigwyddodd i dy dad.'

Ro'n i'n llefen y glaw. Estynnodd neisied yn beiriannol cyn gyrru lan yr hewl droellog serth.

'Ody e'n saff?' Dododd ei droed ar y sbardun. Ro'n i'n gwbod na fyddai'r byd fyth yr un peth.

* * *

Disgyn Dave o'r bws tu fas i'r sinema. Pan oedd yn grwt, posteri lliwgar am anturiaethau Zorro oedd ar y wal yn lle darnau o bren wedi'u hoelio bob siâp.

Cerdda Dave yn glou. O'r diwedd, teimla fod y llanw'n troi: am fisoedd mae wedi meddwl am roi'r ffidil yn y to, newid ei yrfa, mynd i Awstralia, ond cwyd yr alwad ffôn ei galon.

Am ddeng munud cnocia'r drws ffrynt. Dim. Wedyn clyw lais main. 'Sdim sôn amdani am ddiwrnode. Un fel'na yw hi.' Uwchben y berth gwêl het fawr werdd a'i pherchennog yn cerdded i'r tŷ fel brenhines yn gadael llwyfan ar ôl araith. Egyr Dave y drws ochor. Ond mae drws y gegin ar glo a'r llenni wedi'u tynnu ym mhob stafell. Clustfeinia. Llifa dŵr i lawr pibell i'r draen islaw.

'Dere, Elsie, rwy'n gwbod dy fod ti 'na,' medd Dave drwy'r twll llythyron.

110

Mewn dwy funud gwichia pren y drws wrth agor. Tu ôl iddo saif menyw, ei g'nos yn llawn staeniau, ei gwallt heb ei gribo ers dyddiau, a'i hewinedd yn hir ac yn ddu. Gwrach. Pan mae Dave yn cyrraedd y ris ucha, hanner caea'r drws.

'Elsie . . . '

'Pwy sy 'na?'

'Newyddion da.' Ond mae ei hwyneb fel tudalen â degau o blygiadau.

'Rwy'n disgwyl y plymer.'

'Ife?'

'Y wasieri'n treulio a'r falfs yn rhwdu.'

'Henaint ni ddaw ei hunan. Gwranda, ffoniodd cant a hanner y papur ar ôl darllen y stori amdanat ti. Cant a hanner.'

'Paid â gobeithio gormod.'

'Meddylia beth y gallwch chi neud gyda'ch gilydd.'

'Rwy'n ôl ar y tabledi.'

'Na.'

'Digwyddodd rhywbeth . . . yn y stesion . . . a blwyddyn i ddoe . . . marwodd Mam.'

Daw'r glaw yn sydyn a chwyd Dave goler ei got fer denau. 'Ti'n mynd i ofyn i fi ddod i mewn? . . . Paid â becso. Elli di dorri i lawr 'to.'

Edrych ar yr hewl. 'Sneb yn gwbod. All neb sy wedi bod ar ffyn baglau am flynyddoedd eu twlu nhw bant.'

'Gwranda . . . ' Caea'r drws. Clyw ddrws y stafell ganol yn cau. Yn araf, cerdda i lawr y grisiau. Oes caffi yn y pentre hwn? Oes unrhyw beth? Trueni amdani, wedi'i chloi yn ei meddwl, yn saff yn ei lloches, tu mewn i walydd amddiffynnol ei chaer. Beth yw'r cam nesa? Am eiliad oeda. Y cam cynta yw derbyn fod pawb yng ngolwg Elsie yn elyn. Pawb. Pan dry rownd y gornel, chwipia'r gwynt a'r glaw ei gorff a theimla ei fod yng nghanol lle dierth.

* * *

Noson rwyfus. Hunllefau ac atgofion bob yn ail. Uchel yw'r afon, bum troedfedd o'r lan, yn frown, lliw pridd, yn fygythiol. Rwy at fy hanner, yn sythu yn fy ng'nos, ond dawnsia'r tonnau fel parau ar hyd neuadd. Camaf yn nes at ganol yr afon.

Newid golygfa. Rwy yn y parlwr. Howard a dyn â barf goch yn eistedd mewn cadeiriau mawr yn edrych ar luniau a phrisiau. Fi sy ar y stôl biano. Try y dyn barfog ataf a gofyn rhywbeth.

'Beth?' Ei acen sy'n dew, Glasgow efallai, ac mae Howard yn cyfieithu.

'Pryd cafodd eich mam ei geni?' Oedaf. 'Smo chi'n gwbod?' Lan â fi lan llofft i whilo. Agor drâr ar ôl drâr sy'n llawn o drugareddau Mam, pens, pensiliau, modrwyon, naddwyr pensiliau, cerrig miniog ar lawr afon.

Dihunaf yn tswps diferu. Cer yn ôl i gysgu. Gei di lonydd tan y bore.

Y tro hwn rwy yn fy stafell wely tra bod Wncwl Dai yn gwrando ar ei recordiau jazz. Dyw Mam ddim yn hidio ond, i fi, mae'r nodau'n groch. Drws ffrynt yn agor. Rhedaf lawr y sta'r i helpu am fod coesau Mam wedi blino a'i bagiau'n llawn. Yn y stafell fyta dengys ei ffrog newydd goch. 'Ti'n lico hi? Gwed rywbeth, ferch.'

Cofleidiaf hi. 'O'n i'n meddwl fod ti ddim yn dod yn ôl.'

'Ond mae Wncwl Dai 'ma.'

'Na.'

'Ody. Un wncwl sy 'da ti, cofia. Gwna'n fawr ohono.' Pan ddeil y ffrog a'i phlygu'n ddestlus, saetha heulwen drwy'r llenni.

'Mae'r haul yn gryf.'

'Yn rhy gryf, Mam.'

* * *

Meddwl, meddwl gormodd. Meddwl fel llanw'n codi. Edrych drwy'r ffenest ar anialwch o ardd. Y diwrnod hwnnw roedd y parc yn wag: aethon ni i'r stafell newid i gysgodi am fod y glaw'n whalu gêmau tennis. Neb yn unman.

'Wyt ti'n hoffi tennis?' gofynnodd Wncwl Dai.

'Dim ond gwylio.'

'Rwyt ti'n tyfu'n glou. Byddi di'n whare i Gymru cyn bo hir.'

'Dwi'n moyn mynd adre.' Caeodd y drws, fy hebrwng i fainc a gofyn i fi orwedd i lawr. Piliai paent gwyrdd o'r nenfwd a llanwai ei wynt baco'r stafell. Troai arna i, fel rhegi yn y Sêt Fawr. Tu mewn cafodd rhywbeth ei wasgu, am byth: whalodd y wal amddiffynnol. Yng nghanol yr holl beth, teimlwn fel rhywun yn trial dianc o ffrwydrad mewn neuadd fach ac yn ffaelu agor y drws, yr unig ddrws i'r awyr iach. Cydio yn ochor y fainc, gwasgu fy nwrn yn dynn, dynn ac ar y wal roedd arwydd yn dweud: 'Cofiwch ddiffodd y golau os gwelwch yn dda.'

Yn y car adroddai straeon ysgawn fel digrifwr ifanc yn perfformio o flaen clwb am y tro cynta. 'Ti'n gwrando?'

Darn o bren marw o'n i. Pan gyrhaeddon ni'r tŷ agorais i'r drws yn glou cyn iddo gael cyfle i adael y car. Gweryrodd lorri, sgrechodd y brêc a daeth i stop lathed bant. Neidiodd y gyrrwr o ddrws ei gab.

'Gweda "diolch" wrth y dyn. Am stopo.'

'Mae plant mor anniolchgar.'

Rhedodd Mam o'r tŷ. 'Ody'r groten yn iawn?'

Cododd Wncwl Dan fi'n fuddugoliaethus. 'Mae'n saff yn fy nwylo i.'

* * *

Eistedd Dave yn ei gadair esmwyth, yn llymeitian can o Brains SA, ac yn gwasgu'r botwm. Daw'r lluniau'n fyw ar ei sgrin: cefnogwyr â sgarffiau coch yn gwneud clemau dwl ar hewl fawr o flaen camera. Er i'r papurau bore broffwydo trais, mae'r cefnogwyr wedi ymddwyn ym marrau Munich. Dylai fod yn rownd derfynol heb ei hail, meddylia Dave, Man U yn erbyn Bayern. Ond mae rhywbeth yn ei gnoi, nid y ffaith na all fod yn y gêm yn yr Almaen, ond yr olwg oedd ar wyneb Elsie, golwg clywed-canlyniad-prawf.

Pan gân y ffôn eistedd yn llonydd am fod y peiriant ateb ymlaen. 'Helô, o's rhywun 'na?' Try sain y teledu i lawr. Rhed a chodi'r ffôn.

'Elsie?'

'Alla i ddim . . . cario ymlaen . . . '

'Ble wyt ti?'

'Hon . . . neges ola . . . ' Clyw swn ar y lein, swn angen-mwy-o-arian. Gwisga ei got ddenim a chwilio'r pocedi. Ble mae'r allwedd? Y twpsyn, mae'r car yn y garej ers y bore 'ma, yn cael ei beintio am fod cryts wedi crafu rheg ar y bonet. Iesu, hanner awr wedi saith nos Sadwrn. Sdim trenau am fod damwain ar bont afon Taf, meddai bwletin chwech.

'Bydd tacsi mewn awr,' medd y fenyw gwrtais ar y ffôn.

'Awr?'

'Peidiwch â chodi'ch llais. Mae lle y diawl fan hyn.'

Yn yr Hydd Gwyn saif Henry wrth y bar yn adrodd hen jôc yng nghanol pobol ddierth, adeiladwyr o Fryste sy'n codi llethr sgïo newydd. 'Ac yna dywedodd y dyn tywyll . . . '

'O's munud 'da ti?' Cwymp gwep Henry pan sibryda Dave yn ei glust, heb ymddiheuro i neb. 'Yfa dy beint.'

'Y? Nhw sy fod i chwerthin am y jôc, nage fi.'

'Yn glou.'

'Un bach arall?' gofyn Madge tu ôl y bar.

'Dim rhagor heno,' medd Dave. 'Llwyddiant i ddirwest.'

Wrth i'r ddau adael y dafarn, mae'n dechrau pigach y glaw. 'Beth wedodd hi ar y ffôn?' gofyn Henry wrth agor drws ei gar.

'Dim llawer. Roedd hi i fod i alw i weld ei ffrind, rwy'n credu . . . '

'Sy'n byw . . . ?'

'Ar bwys y gronfa.'

'Pwy gronfa?' Try'r pigach yn law trwm.

'Roedd hi'n ffonio o giosg.'

'Diolch am y cliwiau, Sherlock Holmes.'

'Ble ti'n mynd?'

'I ôl carthen a lamp o'r garej, dillad twym a sgidie glaw o'r tŷ. Wrth lwc, mae dy draed di yr un maint â'n rhai i.'

'Ti'n ffit i ddreifio? Faint o wisgis yfaist ti?'

'O dan yr amgylchiade, sdim dewis 'da ni.' Caea Henry'r drws a diawlia wrth gerdded drwy bwll. Pan dry Dave y twymydd mlaen, gwynt oer sy'n dod mas. Try frawddeg Elsie yn ei ben, gan whilo am unrhyw gliw, ond map gwag sy yn ei feddwl. Pwysa ymlaen yn ei sedd, gan gau ei lygaid, a meddwl am glai'n siapio cyn cwympo'n fflat. Pam siaradodd e ddim yn iawn â hi y tro diwetha ar garreg y drws? Ar noson fochedd fel hon, Duw a ŵyr beth sy'n mynd drwy ei meddwl, ar ei phen ei hun mewn tir neb, yng nghanol y siapiau o gwmpas y gronfa.

Gyr Henry am awr drwy'r niwl trwchus cyn cyrraedd Merthyr. Ddwywaith ar y ffordd ddeuol maen nhw bron â chael damwain am fod llanciau capiau-pêl-fas yn gyrru'n glou.

'Licen i sbaddu'r diawled.'

'Canolbwyntia ar yr hewl, Henry.' Rhwng Merthyr ac Aberhonddu arafa Henry ac, ar yr eiliad ola, gwêl arwydd Gellilydan. Try i lawr lôn gul anwastad. Yn raddol, cwyd y niwl. Ar ôl hanner awr daw'r ddau o hyd i giosg ar ochor ogleddol y gronfa ac ugain munud yn ddiweddarach gwêl y ddau gar wedi'i barcio ger ail giosg ar yr ochor ddeheuol. Stopia Henry'r car.

'Beth wnewn ni?' gofyn Dave.

'Wel, allwn ni ddim gofyn i'r cariadon.'

'Byddan nhw'n meddwl taw pyrfs y'n ni.'

'Paid â becso, mae eu meddwl ar rywbeth arall.' Egyr Henry'r gist, tynnu map mas ac edrych y ddau arno o dan lamp. 'Ti'n siŵr bod ei ffrind yn byw ar bwys y gronfa?'

'Wel . . . '

'A bod Elsie wedi ymweld â'i ffrind?'

'Odw.'

'Dave, ti ddim yn swnio'n bendant i fi. Edrych, mae dwy filltir o'r gronfa i'r pentre ble mae ffrind Elsie'n byw. Ody Elsie'n fenyw benderfynol?'

'Beth ti'n feddwl?'

'Paid â whare gêm. Mae hwn yn bwysig.'

'Wy ddim yn siŵr.'

'Iesu, mae dawn 'da ti i godi calon dyn.' Henry yw'r cynta i mewn i'r car sy'n symud cyn i Dave gau'r drws.

'O's gobaith?' Cwyd Henry ei ysgwyddau cyn taflu'r map at Dave a phwyntio at yr hewl sy'n arwain i'r pentre. Saetha llafnau golau'r car drwy'r tywyllwch. Ar ochor orllewinol y gronfa try'r car i'r dde drwy goedwig ar hyd lôn anwastad.

Egyr Henry'r ffenest. 'Gwranda, dim siw na miw. Rwy'n dod fan hyn yn amal i ddodi'r byd yn ei le.'

'Cau'r ffenest, wnei di?' Pwyntia Dave at ei farf rewllyd a chwardd Henry. Yn sydyn, gwibia dau olau cryf atyn nhw a chlyw'r ddau fiwsig croch. Ar y cychwyn, cred Henry fod y gyrrwr yn whare gêm ddiniwed ond, ar yr eiliad ola, mae'n gorfod troi'r car i mewn i ffos.

'Ti'n iawn?' gofyn Dave.

'Y diawled. Licen i gael gafael ynddyn nhw.'

'Iawn, ond cofia pam y'n ni 'ma.' Aildania Henry'r injan, newid i'r gêr gynta, a chyffwrdd yn dyner â'r sbardun. Gwga. Nodia ar Dave sy'n gadael y car, hwpo'r cefn â'i holl nerth a chlywed y teiars yn chwyrlïo yn y mwd. Ar ôl tri chynnig daw Henry mas o'r car, gan dwlu ei gap stabal ar y ddaear. Pwysa yn erbyn y drws ffrynt. Saif y ddau yng nghanol môr du.

'Sa' di fan hyn,' medd Henry wrth gydio mewn lamp a cherdded. 'Yr ochor arall i'r goedwig mae ciosg.'

'Faint o amser ti'n mynd i fod?'

'Hanner awr, awr, sdim dal.' Try Dave y radio ymlaen. Cyflwyna llais siwgrllyd record 'i'r rhai sy'n unig ac yn isel'. Diffydd y radio.

Hanner awr yn ddiweddarach, cyrhaedda Henry ymyl y goedwig. Bob munud dywed wrtho'i hun ei fod yn iawn am iddo weithio shifft nos am ddwy flynedd fel dyn diogelwch mewn ffatri fach. Ond try'r cysgodion yn siapiau a'r wich leia'n fygythiad. Mae ei lamp mlaen: dyw e ddim yn moyn bod yn darged ond dyw e ddim yn moyn baglu chwaith. Fel cŵn hela cwrs yr ofnau drwy ei feddwl. Gwibia ei lamp o'r hewl lwyd i'r goedwig frown cyn stopio'n stond: daw lliw newydd i'r golwg. O bell gwêl siâp fel sach. Ar ôl deg llath gwêl sgarff goch.

Cnoc ar ffenest sy'n dihuno Dave, Henry'n gweiddi nerth ei ben, ei freichiau fel deifiwr heb ocsijen. Drwy ei bocedi chwilia Dave am yr allwedd cyn gwasgu'r botwm a datgloi'r gist. Estyn garthen i Henry sy â'i wynt yn ei ddwrn. 'Dim ond g'nos . . . a chot sy yn ei chylch . . . hanner milltir bant.'

'Ody hi'n iawn?' Cydia Dave yn ei fraich.

'Paid, ti'n rhoi lo's.' Rhed Henry i mewn i'r tywyllwch. Rhed Dave ar ei ôl, yr egni ynddo fel car yn tanio, ond brêc ei feddwl yn amau fod yr ymdrech yn wag.

18

Olion chwys ar yr olwyn lywio. Edrych yn y drych. Teimla Dave fel myfyriwr cyn ei gyfweliad mawr cynta. Gyr o gwmpas y maes parcio am chwarter awr cyn dod o hyd i le ond mae'r lle'n rhy gul am fod y car nesa wedi parcio dros y llinell wen. Llwydda mewn chwarter awr. Car yn gadael bwlch cyn bod un arall yn ei lenwi. Yn gwmws fel marw a geni.

Pwnia'r peiriant. Pris y tocyn yw £1.90. Pa athrylith mewn swyddfa benderfynodd y cyfanswm? Damo, dim ond punt mewn arian mân sy yn ei boced. Twria ym mhobman, ym mhlygion isa'r seddau, yng ngwaelodion y cypyrddau bach, nes dod o hyd i ddarn punt o dan sedd y gyrrwr.

Mae'r Man Ymgynnull fel y bedd: sneb wrth y bordydd crwn bach yn yfed coffi nac yn ciwio i dalu yn y siop bapur newydd. Edrych Dave ar ei watsh, wyth o'r gloch y bore. Dylai fod wedi ffonio i ofyn beth oedd yr oriau ymweld. Cyrhaedda ddesg dderbyn y ward.

'Rwy'n whilo am Elsie.'

'A chi yw . . . ?'

'Ffrind.' Edrych y brif nyrs ar ei watsh. 'Rwy'n gweithio shifftiau.' Cwyd ei haeliau.

Daw nyrs arall yn sydyn. 'Dere'n glou. Mae William Owen yn bygwth rhoi wad imi os wy'n ei droi yn ei wely.'

'Esgusodwch fi,' medd y brif nyrs.

Ym mhen pella'r ward y gorwedd Elsie, mewn cornel, yn edrych drwy ffenest fawr ar ogledd Caerdydd, gan gynnwys Tŵr yr Adran Dreth a Mast y Wenallt.

'Ti yn y lle gore.' Symuda gadair o'r gornel, pwysa ymlaen a chosi ei chlust. 'Shwd wyt ti?' Mae llygaid Elsie ar gau. 'Dere, gwed 'tho i beth ddigwyddodd.' Egyr ei llygaid. 'Trysta fi.'

'Edrych arna i. Rwy wedi bod yn trysto pobol ers blynyddoedd.' Egyr Dave ei fag archfarchnad a gosod yr orennau a'r bananas ar ben y cwpwrdd bach. Tyn y dillad mochedd o'r cwpwrdd a'u dodi yn y bag. 'Beth ti'n neud?'

'Rwy'n mynd i gael hwyl yn golchi'r rhain.'

'Pam ddylet ti?'

'Pwy arall, Elsie? Y dyn yn y lleuad?'

'Dwi ddim yn gwbod ble i ddechre.'

'Yn y dechre . . . '

Bob hyn a hyn sych ei dagrau ac yfed y sudd oren.

'Beth halodd ti i neud shwd beth?'

'Oedd hi fel uffern, wir i ti . . . ar ôl cyrraedd . . . yr hanner tabled ola . . . '

'Paid. Glywa i'r gweddill y tro nesa.'

'Alla i ddim esbonio . . . roedd fel llif . . . yn fy nhynnu i mewn i'r môr.'

'Rwy'n deall.' Cydia yn ei llaw'n dynn.

Tyn ei llaw yn ôl. 'Sneb yn deall, dim ond y rhai sy'n diodde.' Pan wêl Dave y fenyw ganol-oed yn y gwely nesa, gwena arni'n wanllyd.

'Gwranda.'

'Pam? Ti fel pawb arall.'

'Paid â chodi dy lais.'

'Mae hwn wedi digwydd o'r blaen a bydd yn digwydd 'to. Beth sy i fod sy i fod.'

Cwyd Dave, cydio yn ei fag, a gweld wyneb bregus menyw o dan fasg ocsijen yn y gwely ochor draw. Try yn ôl, gan ollwng ei fag. 'Y tro hwn mae'n wahanol . . . '

'Yn wahanol?' Edrych arno fel rhywun yn trial darllen map dierth.

'O'n i'n lwcus. Daeth angel gwarcheidiol i fy achub i.'

Cwyd yn y gwely. 'O't ti'n . . . '

'O'n. Yn gaeth. Am ddeng mlynedd. Plyga ymlaen.' Pan

gwyd ei chlustogau tu ôl ei chefn, daw llafn o heulwen i mewn i'r ward.

'Maen nhw'n addo tywydd braf,' medd hi. Goleua ei llygaid.

* * *

Yn y glaw trwm cerddaf am dair milltir, heb glincen ac yn rhy falch i ofyn i Dave. Tu fas i'r archfarchnad edrych cwsmeriaid ar y fenyw salw heb golur, lipstic nac ymbrelo. Yn ddiweddar, mae Dave wedi gofyn imi wneud tipyn o waith trefnu, hanner awr bob nos. Ers pythefnos. O'r diwedd, mae rhywun â ffydd ynddo i, ffydd ofnadw, ffydd sy'n fy hala i ofni'r hyn a ddaw. Gall caru'n ysgawn droi'n garu'n drwm. Yn sydyn.

Yn ei gwtsh darllen y gofalwr ei bapur. 'Shw ma'i?' Cwyd ei law dde heb godi ei ben. Mae'n gynnar; dyw'r llanciau di-wardd ddim yn trial dod i mewn tan wyth ar nos Wener.

Eistedd Dave yn y stafell bwyllgor, ei got ar ei gadair, ei lewys wedi torchi, a'i restr o bethau i'w gwneud ar y ford. Mewn sgrifen gymen. Da iawn, Dave, un cam ar y blaen, fel arfer.

'Wyt ti wedi hala llythyr at bawb sy wedi dangos diddordeb?'

'Alla i eistedd i lawr?'

'Well i fi dy dalu di am y stampie.'

'Sdim eisie.'

'Paid â bod yn ddwl. Ddylai neb fod mas o boced.'

'Cerddais i i bob tŷ.'

'Ti'n gall?'

'Mae cerdded yn clirio'r meddwl.' Edrych i lawr ei drwyn arna i. Dave, dyw hwn ddim yn gweithio ragor: dwi ddim yn mynd i ymddwyn fel plentyn a chochi ac ymddiheuro. 'Beth am y cyfrynge?'

Cwyd ei aeliau. 'Cyfrynge?'

'Ie, y bobol hynny sy'n meddwl eu bod yn bwysig. Rwy

wedi eu gwahodd nhw i'r cyfarfod.'

'Wnes i ddim meddwl amdanyn nhw.' Beth sy'n bod, Dave? Fel arfer, ti'n ymddwyn yn hyderus er nad wyt ti'n hyderus. Heno mae rhai o nodau'r piano mas o diwn.

'Rwy'n moyn i'r cyfarfod lwyddo.'

'Wrth gwrs.' Mae tinc nawddoglyd yn ei lygaid a'i lais. Ar ôl casglu ei bapurau, mae'n dodi nhw'n ofalus yn ei hen fag lledr brown. 'Ti'n ffansïo sudd oren yn y Fuwch Goch?'

'Pam lai?' Beth sy tu ôl i hyn? Caea ei fag. Se meddyliau pawb yn glir fel ffenest siop, byddai llai o drafferth yn yr hen fyd 'ma. Byddwn i ddim wedi bod drwy uffern. Cwymp diferion fy ngwallt ar fy mhapurach cyn imi eu stwffio nhw i mewn i'r bag archfarchnad.

Try ata i cyn agor y drws. 'Dim ond un peth bach sy ar ôl.' Un peth bach, 'na beth oedd maint y dabled, 'na beth ddywedodd y doctor trydan yn yr ysbyty. 'Mae eisie prif siaradwr.'

'Y darlithydd coleg.'

'Na. Hebddot ti, fyddai dim stori yn y papur. Heb y stori, fyddai cant a hanner heb ffonio a hebddyn nhw, bydd dim grŵp hunan-help.'

'Gelli di neud e.'

'Wrth gynulleidfa o fenywod?'

'Gwisga blydi sgert.' Cyneuaf stwmp mwgyn.

'O'n i ddim yn gwbod dy fod ti'n smocio.'

'O'n *i* ddim.' Edrychaf drwy'r ffenest ar wal ddi-liw o flaen rhes o siopau. Fel hyn rwy'n moyn i fy mywyd fod ond cyffwrdd ei law â'm hysgwydd a'i ana'l yn iasol ar fy ngwar.

'Os wyt ti'n siarad yn gryno, yn naturiol, bydd pawb yn dwlu arnat ti.' Yr athro'n siarad â merch Blwyddyn Saith. Tynnaf yn ddwfwn ar y sigarét y mae ei thân yn olau rhybudd. Hwthaf y mwg yn erbyn y ffenest a sibrwd y gair yr un pryd.

'Bastard.'

* * *

Ers wythnos, bob nos, mae'r hunlle wedi dod yn ôl, yn wahanol bob tro, symudiad newydd mewn symffoni wallgof.

Yn y tŷ ar fy mhen fy hun, fel arfer, wedi cyrlio lan yn y gwely fel babi mewn croth. Codi am un ar ddeg. Neb wedi gadael nodyn ar y ford. Dim blas byw. Wrth y ffôn ar ford y cyntedd roedd Siôn wedi gadael ei arian cinio. Dodi'r arian yn fy mag lledr am fod angen clirio dyled.

Sefyll am hanner awr am fws yn y glaw trwm. Fi oedd yr unig un ar y bws ac eisteddais tu ôl y gyrrwr. Y siopau a'r tai'n hedfan heibio heb imi sylwi arnyn nhw.

'Chi wedi bod bant yn hir?'

'Bant?'

'Chi heb fod ar y bws ers sbel.'

'Do.'

'Rhywle arbennig?'

'Yr ochor arall i'r byd.'

'Lot o haul?'

'Na, oedd hi'n oer.' Edrychodd arna i'n hurt pan gerddais i lawr y grisiau.

I lawr y llwybr cul, troi i'r dde drwy'r clwydi harn du oedd yn perthyn i ganrif arall. Canu'r gloch yn hir ond dim ateb. Do'n i ddim yn moyn mynd adre am fy mod wedi dod mor bell. Daeth dyn i mewn fel cysgod i'r stafell cyn diflannu. Pwnio'r ffenest. Daeth yn ôl. Drychiolaeth. Pwyntio at y drws. Ei ddillad yn ddu, yn ffurfiol, dillad gwas tŷ mawr yn oes Fictoria. Hwpo fy nhroed i mewn cyn iddo gau'r drws. Tu mewn roedd yn oerach na thu fas.

'Ga i eich helpu chi?'

'Rwy wedi dod i weld Mam.'

'Sefwch funud.'

'Dwi ddim ar frys.' Doedd Mam ddim ar frys chwaith, meddyliais. Edrychodd ar lyfr mawr du ar y ford a chodi'r ffôn. Wrth iddo sibrwd, roedd ei eiriau mor stiff â'i goler.

Cododd ei ben. 'Dyw hi ddim yn . . . gyfleus.'

'Fi yw ei merch hi.' Cerddodd lan y sta'r heb ddweud dim.

Beth oedd yn gwichian? Y staerau neu gymalau ei goesau? Yn y cyntedd roedd y papur wal wedi hen felynu. Daeth dyn arall i lawr, yn dalach, a'i lygaid mor oer â'r stafell. Safodd heb siglo llaw.

'Mrs Cosslett.' Nodiais. 'Mae'n anodd esbonio . . . '

'Trïwch.'

'Chi yn deall. Mae'n dedleins ni'n llym. Ga i ofyn cwestiwn?'

'Pam lai?'

'Pryd o'ch chi'n meddwl y gallech chi ddod?'

'Wedodd e rhwng deg ac un o'r gloch.'

'Fe?'

'Y gŵr.' Gwenodd wên dyn-yn-gwybod-popeth.

'Chwech neithiwr oedd yr amser ola. Mae'r arch wedi'i sgriwio i lawr.' Teimlwn y sgriw yn troi, dannedd yn crensian, gwinedd yn crafu ar fwrdd du. Yr ias yn oerach na'r stafell. 'Wrth gwrs, mae croeso i chi lofnodi'r llyfr cydymdeimlad.'

* * *

Eistedd ar ymyl y gwely, yn crynu yn fy ng'nos. Gorweddaf. Clyd yw'r garthen yn erbyn fy nhraed a thros fy ngheg. Gallai Mam gysgu unrhyw amser unrhyw le. Pan o'n i'n gweithio yn y popty ffoniai bob dydd. 'Ti wedi ca'l sbel?'

'Sbel?'

'Wneiff e les i ti.'

'Mam, os yw pawb yn ca'l sbel, bydd dim torthe'n cael eu pobi.'

Ife hon yw fy nhynged, bod yn dorth mewn rhes ar lein cyn bod rhywun yn sylwi fod rhywbeth o'i le a'm twlu'n ddiseremoni i'r bin?

'Co'i llun hi ar y wal, ei llygaid yn hoelio sylw. Mae'n farw ond yma o hyd. O rywle daw ei llais, llais sy'n cwato pa mor grac yw hi, rhwymyn dros friw. 'Fi a dy dad wedi rhoi'r cwbwl i ti . . . ' Rwy'n gorfod clirio'r ddyled a'r unig ffordd yw whilo am ysbrydoliaeth, llifo drwy farrau fy meddwl. Whilo. Whilo nes bod fy mhen yn troi. Cofiaf eistedd yng nghefn y dosbarth ar ddiwrnod crasboeth. Inc ar fy llaw a'm llyfr yn fy hala i freuddwydio am y smotiau piws yn y goedwig ble dylwn i fod.

Un dydd Sadwrn roedd Mair a fi wedi bod yn pigo llusi, llond dau fwced yr un, a thad Mair, Mr Roberts, yn cyrraedd yn ei Triumph gwyrdd. Agorodd y ffenest. 'Da iawn, ferched. Pwy sy eisie mynd dramor ar ddiwrnod fel hwn?' Ro'n ni'n rhy wan i ateb.

Gartre hwfrai Mam yn y gegin. 'Cer o dan draed.' Dodi'r bwcedi ar silff wrth ochor y sinc a dodi arddwrn o dan y tap. 'Paid â bradu'r dŵr,' meddai wrth i'r hwfer ruo. Lan â fi i'r stafell wely, y lle gorau yn y byd, fy lle i, dim ond y fi. Agor y ffenest led y pen a chysgu'n drwm. Mewn awr neu ddwy clywn rywbeth o bell fel pysgotwr ar fin cael bachiad. Agor llygaid. Llenni'n siglo, adenydd yn ysgwyd, yn llenwi'r stafell. Roedd yn sownd yng nghawell y stafell, a'i adenydd yn ffiaidd, yn rhyfeddol bob yn ail. Ehedai mewn cylchoedd llai, ar onglau dwl, fel balŵn yn byrstio, ei big yn fwy a mwy, a'i lygaid fel rhai dyn â bwyell yn ei law. Daeth bachgen i mewn, mab cymydog Mam. Gwenai. Cloi'r drws, tynnu'r llenni wrth imi gwato yn y gornel.

Beth ddigwyddodd nesa? So i'n hidio. Mae'n debyg mod i wedi gweiddi nerth fy mhen. Yn lle hynny, rhewaf y ffilm a throi'r rîl yn ôl ychydig o fframiau. Nid fel hyn yr oedd ond fel hyn ...

Codi'n urddasol o'r gornel, cydio yn yr aderyn yn garcus a'i ollwng drwy'r ffenest. Symudodd y bachgen cegagored i un ochor pan sefais o'i flaen yn dawel. Troi'r allwedd. Cyrraedd gwaelod y sta'r.

'O's rhywbeth yn bod?'
'Pam chi'n gofyn, Mam?'
'Ife Elsie ni yw hon?'

* * *

124

Cerdda Dave o stafell i stafell a'i wg yn rhych am fod cant o fenywod yn clapio'n araf yn y neuadd. Pan gyrhaedda'r llwyfan pall y sŵn am ychydig o eiliadau. Cwyd ei ddwylo.

'Byddwch yn amyneddgar.'

'Ni wedi bod ers ugain mlynedd,' medd menyw yn y rhes ôl. Cilia Dave drwy ddrws ochor ar ôl i'w chwarddiad hi droi'n sŵn isel gwawdlyd drwy'r dorf. Ton yn taro craig.

'Rwy'n flin fy mod yn hwyr,' medd menyw dal mewn het biws yn y cyntedd.

'Diolch am ddod.'

'O's problem?' medd hi pan glyw'r clapio araf.

'Na.' Pwyntia at ddrws y neuadd cyn edrych ar ei watsh. Deng munud wedi saith. Ble mae'r darlithydd? Yn fwy na dim, ble mae Elsie? Paid â siomi fi, Elsie, meddylia Dave, neu fydd hwn yn ddiwedd y byd. Cyrhaedda tacsi mawr du a daw dyn mewn siwt saffari i mewn, dyn â llygaid pell.

'Chi yw'r trefnydd?'

'Dr Edwards.'

Hebrwng Dave e'n syth i'r neuadd lle mae'r Maer yn eistedd yng nghadair y prif siaradwr ar ôl treulio ugain munud yn y tŷ bach yn gwisgo'i gadwyn.

'Mae problem,' sibrwd y darlithydd. 'Rwy'n gorfod bod yn Abertawe erbyn wyth. Felly bydda i'n gadael y cyfarfod am hanner awr wedi saith.'

'Byddai mwy o rybudd wedi bod yn well.'

'Beth?'

'Dim byd.'

'Beth yw eich cyngor?' Eich bod yn ystyried pobol eraill, meddylia Dave. Ble yn y byd mae Elsie? Mae'n chwarter wedi saith. Sudda ei galon wrth feddwl am gorff yn gorwedd mewn ffos. Paid â mynd o flaen gofid. Yn y rhes flaen rhytha tair menyw arno fel rheng flaen tîm rygbi Seland Newydd. Edrych i lawr.

'Fi sy i fod i ddechre'r cyfarfod,' medd y Maer.

'Na.'

'Ellwch chi drefnu tacsi i mi?' gofyn y darlithydd. Cwyd Dave ar ei draed a chyflwyno'r darlithydd, y dyn sy wedi ymchwilio i'r sefyllfa yng Nghanada, yr Unol Daleithiau a gwledydd Prydain. Yn y neuadd edrycha pob wyneb yn ddisgwylgar wrth i'r darlithydd godi ar ei draed. Dylai hwn greu argraff, meddylia Dave, am ei fod yn gallu dala cynulleidfa o fil ar gledr ei law.

O fewn dwy funud, mae menywod y rhes flaen yn gapo.

'Alla i gael dŵr potel?' gofyn y Maer.

'Mae'r bar tu ôl y neuadd.' Mewn pum munud daw'r Maer yn ôl â chroen ei din ar ei dalcen.

'Doedd dim i ga'l. Dwi ddim yn dod 'ma 'to,' medd y Maer.

'Diolch,' medd Dave heb edrych arno, gan whare â beiro rhwng ei fysedd. Pan eistedd y darlithydd, chwibana rhai'n wawdlyd. Saif y Maer heb roi cyfle i Dave ei gyflwyno. Y tro hwn edrych menywod y rhes flaen ar ei gilydd yn syn. Nage atalnod llawn sy rhwng ei frawddegau ond peswch, peswch diacon. Pan eistedd y Maer, gofyn am gwestiynau o'r gynulleidfa. 'Beth wedoch chi mewn iaith syml?' gofyn menyw yn ei thri degau yn y rhes ganol. Chwardd y gynulleidfa i gyd.

Pan yw'r Maer yn trial codi, tyn Dave ef i lawr. Ailgychwyn y clapio araf a sibrwd cadeirydd y neuadd yn ei glust: 'Rho'r gore i hwn nawr cyn iddo droi'n siop siafins.' Cocha Dave.

Yn sydyn, try'r clapio'n sibrwd. Ar y dde mae rhywun yn nesáu at y llwyfan.

'Ti'n iawn?'

'Wrth gwrs.'

'Wrth gwrs? Ble ddiawl ti wedi bod?'

'Yn meddwl,' medd Elsie.

'Pryd mae'r tacsi'n cyrraedd?' gofyn y darlithydd.

'Ewch i'r cyntedd. Bydd y gofalwr yn eich helpu.'

'Gwranda, rwy'n gwneud hwn iddyn nhw,' medd Elsie. 'Neb arall. Ti'n deall?' Edrych hi i lawr arno. 'Alla i ga'l fy llaw i'n ôl?' Pan gydia Elsie mewn gwydryn, syrna'r dŵr dros ei thrwser.

19

Cyn agor fy ngheg sylwaf ar faint sy yn y gynulleidfa, a pha mor sych yw fy llwnc. Clywaf sŵn fel cnocell y coed. Cwyd Dave ar ei draed, gan ostwng y meic a nodio arna i fel cofweinydd. Fy mhen-glin sy wedi bod yn taro'r meic. Yn y rhes ganol eistedd menyw fer â'i cheg ar agor, cyw yn barod i'w fwydo: hwn yw'r bwlch rwy'n gorfod ei lenwi. Trof i'r dde ac i'r chwith, dyn dall cyn croesi hewl. O rywle, Duw a ŵyr ble, daw'r geiriau. 'Dwi'n gwbod dim byd . . . am elw cwmnïe mawr . . . bob blwyddyn . . . ond rwy'n gwbod beth yw bod fel ci a chrafu wal . . . ' Yn y rhes ôl stopia menyw ganol-oed wau a phwnio'i gŵr yn ei ochor.

Oedi. Llyncu. Rywsut siaradaf o hyd am fod yr awyren yn codi, yn troi ac yn hedfan.

'Sdim dau, ry'n ni'n gorfod sefydlu grŵp. Ry'n wedi colli ffydd yn ein doctoriaid: ro'n ni'n arfer eu haddoli nhw fel duwie ond maen nhw wedi ein siomi'n ofnadw. Agoron ni ein calonne, rhannu'n cyfrinache dyfna. Beth ddigwyddodd? Rhoddon nhw'r tabledi inni fel losin ac achosi dolur i filiyne.'

Y diwedd sy'n bwysig, meddai Dave. Gad iddyn nhw fynd â rhywbeth adre.

'Ry'n ni wedi bod yn y cysgodion yn rhy hir . . . ac nid ein bai ni yw hi. Gall y penderfyniad heno newid ein bywyde am byth, nid yn unig yn lleol ond drwy Brydain. Pleidleisiwch o blaid y grŵp fel y gallwn ni i gyd gerdded o'r seler a sefyll yn yr haul.'

Pan suddaf i'r gadair cwyd y menywod, fesul pump, fesul deg, ar eu traed. Wincia Dave arna i. Sguba ton ar ôl ton o gymeradwyaeth drosof ac adnewydda grym y dŵr fy meddwl a'm corff. Dwi ddim wedi teimlo fel hyn erioed. O'i chymharu â hon, roedd y noson wobrwyo'n gawl eildwym a thrwy fy mywyd rwy wedi bod yn sefyll am yr eiliad hon.

'Mae'r araith yn sail da i gychwyn grŵp,' medd Dave. 'A gaf i enwebiadau? Y trysorydd yn gynta.'

Awr yn ddiweddarach eisteddaf yn ei gar. 'Dihuna, Mrs Cadeirydd.'

'Gad fi fod.'

'Mae'n profi un peth. Nage'r arbenigwyr sy'n cyfri ond beth mae pobol leol yn moyn.'

'Cadwa dy lygaid ar yr hewl.'

''Na i gyd sy 'da ti i weud?'

Troi a throsi yn oriau mân y bore. Lawr â fi i'r gegin a berwi'r tecil, ac wrth yfed y te wrth y ford gwrandawaf ar sŵn rhyfeddol, aderyn du'n canu. Mae wedi digwydd er Nos Galan pan gafodd rocedi eu tanio ar y mynydd a choelcerthi eu cynnau. Y noson 'ny canai am fod y nos wedi troi'n ddydd.

Ailwhare'r tâp yn fy mhen. Roedd yr araith fel rhuddem yn sgleinio ac rwy'n moyn ailgydio yn y profiad fel croten yn dala sgert ei mam. Dwi ddim yn grefyddol, ond y profiad agosa oedd pan oedd Siôn yn dod mas o'r ysbyty. Bob dydd, ar hyd coridor hir, roedd lluniau ar werth, portreadau a thirluniau. Bob hyn a hyn safai cleifion ac ymwelwyr i edrych, rhoi sylwadau a gwenu, ac roedd y lluniau'n well na chyffuriau, meddai'r doctoriaid.

Pan adawodd Siôn ro'n i ar ras wyllt: roedd yn bum munud i bump a'r tagfeydd ar fin dechrau.

'Dere, siapa hi.'

'Na.' Roedd y llun o Ben Caer, Sir Benfro, triongl o heulwen fel bad ar lawn hwyl yn saethu drwy gymylau porffor. 'Mae Duw yn gwenu, Mam.'

* * *

128

Yn fy nyddiadur yn nrâr bord fach y stafell wely edrychaf ar y sgrifen sigledig. 'Hanner tabled y dydd.'

Ers mis rwy'n rhydd. Rwy'n fyw.

Codaf am naw, ymolchi, gwisgo, byta tost a marmalêd, ac edrych ar y Garth drwy'r ffenest. Cyffro yn y corff am fod trydan yn llifo drwy'r gwifrau. Rwy'n lanach: rwy wedi cerdded o far tywyll i hewl heulog. Erbyn hyn, mae'r grŵp, sy wedi codi i gant a hanner o aelodau selog, yn cwrdd bob nos Fawrth a phawb yn helpu ei gilydd. Weithiau mae dyn yn cnocio'r drws ffrynt am ddeg y nos, yn gofyn am daflen wrth edrych dros ei ysgwydd. Y rhyw gadarn, myn yffarn i.

Cerddaf yn dal ac yn syth i lawr yr hewl, gan godi llaw ar y postman, y dyn llaeth a gofalwr y parc. Am y tro cynta ers achau rwy'n rhan o'r hyn sy'n digwydd yn lle gwylio o ystlys cae. Gwn y galla i ailgydio ym mhopeth a gafodd ei golli. Egyr drysau trwm. Des i erioed gyda Howard yn y gwely ac mae hyn yn gwneud iawn am fil o siomedigaethau.

Yn y parc bwydaf yr adar du sy'n canu ar ôl gaeafu hir. Cerddaf heibio'r briallu, heibio'r lle whare sy'n wag am fod y plant yn yr ysgol. Dyma oedd fy mywyd i; egwyl a barodd yn ofnadwy o hir. Yn y bandstand eisteddaf, darllen y papur, a rhyfeddu; mae rhywun yn rhyfeddu'n fwy yr eildro am fod y lluniau wedi eu rhoi i'w cadw mor hir. O gil fy llygad, gwelaf ddyn dierth mewn siwt garpiog yn rhwto'i lygaid ar fainc ar y dde. Trueni amdano. Diolch i Dduw fod fy synhwyrau'n gant y cant, fod y paent yn sgleinio yn lle pilo.

'Ti'n edrych yn ifancach.'

Trof i edrych arno. 'O'n i ddim yn eich nabod chi.'

'Gei di alw fi'n "ti", os ti'n moyn.' Estyn barf goch Howard i lawr i'w frest.

'Ti wedi heneiddio.'

'Mae amser wedi cyflymu gormod.'

'Ti'n gweithio?'

'Fi oedd y cynta i fynd. Cwtogi.'

'Rwy'n flin.'

'Wyt ti?'

'A ti'n byw . . . ?'

'Ti'n gwbod yn nêt.' Pwyntia at y tŷ llawn iorwg â'r llenni llwyd yr ochor draw i'r glwyd harn flodeuog. 'Dylet ti alw heibio.'

'Cofia fi at Siôn.'

'Mae'n gofyn amdanat ti, yn amal.'

'Ble mae . . . ?' Hi, dim enw, dim ond gwên wawdlyd yng ngwely Mam, yn lluo ysgwydd fy ngŵr.

'Gadawodd hi . . . ' Daw i eistedd wrth fy ochor. 'Elsie . . . '

'Hwn yw'r gwanwyn cynta rwy wedi sylwi arno ers ache.'

Ugain llath bant trasia dyn ifanc berth yn garcus. 'Beth wnes i, oedd e'n ffiaidd. Wnei di fadde?'

'Rwy'n swnio fel efengylwraig, ond rwy wedi ca'l fy ngeni 'to.'

'Rwy'n siŵr y gallen ni droi'r cloc yn ôl.'

'Mae'n wyrth. Alla i wynto'r blode.'

'Ti'n ffansïo coffi? Mae caffi wrth fynedfa'r parc.'

'Pan o'n i'n naw, ro'n i'n helpu Mam i glirio'r cwtsh dan sta'r. Des i o hyd i hen lyfr ac yn y llyfr roedd un dudalen lwyd am fod y tudalenne eraill wedi'u rhwygo. Llenwais i'r dudalen â lliwie blode'r ardd, yn goch, melyn a glas. 'Na beth sy wedi digwydd i fi.'

Mae'n dodi ei law ar fy ysgwydd. 'Elsie . . . '

'Paid . . . '

Alla i ddim ei hwpo bant er bod gwynt y cwrw hen a mwg sigaréts yn drwch ar ei ddillad a'i geg. Pwysa ei ben ar fy ysgwydd, yn dân ar fy nghroen. Erbyn hyn, mae pobl eraill yn eistedd ar y meinciau sy mewn hanner cylch, dyn canol-oed â'i gi defaid, menyw ifanc â'i bag siopa, a hen ddyn yn bwydo adar.

'Rwy'n gorfod mynd. Rwy'n moyn rhannu'r newyddion da â phawb.' Oedaf cyn cerdded bant. Trof yn ôl.

'Beth am dy deulu? Y?' Cochaf. 'Pwy fath o fam wyt ti? Pwy fath o wraig?' Codaf fy ngholer. Teimlaf y gwres yn fy mochau

130

am fod pawb yn edrych arna i. Sdim rhyfedd o'dd dim ffydd 'da fi; roedd yn botsier yn diberfeddu cwningen. Hed yr adar o'r llwybr fel se dryll yn tanio. Eu hadenydd yw curiad fy ngwaed.

20

Mewn cylch yn y neuadd eistedd pymtheg o fenywod tal a byr, tew a thenau, gwragedd tŷ, athrawon a gweithwyr ffatri, yn edrych arna i'n llymeitian coffi. Tu ôl y cadeiriau mae llawr dawnsio lle dawnsiai Mam i fiwsig band yn y pedwar degau, yng nghanol y rhyfel. Y miwsig sy wedi hen beidio. Rwy wedi dod yma i ddweud y cyfan er gwn fod angen cwato'r gwir weithiau rhag ofn rhoi lo's i rywun.

Sarah, y trysorydd, sy'n gofyn y cwestiwn nesa. 'Pryd sylweddolaist ti fod rhywbeth o'i le?'

'Pan o'dd llais y doctor yn beiriannol a'i lygaid yn edrych ar bopeth, ei watsh, ei nodiade, popeth ond y fi.' *Fel y doctor oedd ddim yn fodlon ond a roddodd enw doctor arall. Mam sy ar fy meddwl o hyd. Dyw hi ddim wedi madde.*

'Cest ti bresgripsiwn heb weld y meddyg?'

'Do, yn amal, fel dwgyd losin oddi wrth fabi.'

'Shwd o'ch chi'n teimlo?'

'Un bore clywais i ddyn yn siarad ag un o'r meddygon mewn stafell fach. Roedd yn amlwg fod ei gês ar agor, yn llawn taflenni sgleiniog. "Dyma'r diweddara ar y farchnad," meddai. Wnes i feddwl: "Dyw hwn ddim yn iawn. Lle i wella yw hwn nage ffair a dwi ddim yn moyn bod yn rhan o hyn."

Do'n i ddim yn moyn bod yn rhan o hyn: yn gwrando ar feddyg arall, yn Rhagfyr pan oedd y pafin a'r hewl drwy'r ffenest yn wag fel se pobol yn ofni fod diwedd y byd yn dod. Eto ro'n i'n falch fy mod wedi bwcio i mewn o fewn pythefnos.

'Mae hwn yn beth mawr.'

'Chi wedi pwyso a mesur ac mae'r penderfyniad yn glir.'

'Diolch, doctor. Rwy'n teimlo'n well.'

Oedi. Yfed rhagor o goffi. 'Chi'n ddewr,' medd Angharad sy'n cymryd nodiadau.

'Odw i?'

'Chi'n onest. Mae pawb yn ca'l bendith.' Mae Angharad yn iawn. Rwy'n chwynnu cornel o'r ardd sy wedi ei hesgeuluso am flynyddoedd a Duw a ŵyr beth ddaw pan drof garreg drosodd.

Hyd yn oed y bore pan gyrhaeddais i'r ysbyty do'n i ddim yn siŵr a fyddwn yn bwrw ymla'n â hi. Archwiliad manwl cyn derbyn pesari. Dwy awr wedyn roedd y cyfan drosodd.

'Beth oedd y teimlad mwya rhyfedd?' Mary sy'n gofyn, Gwyddeles â gwallt coch.

'Bob tro ro'n i'n achwyn am y tabledi, y fi oedd yn teimlo cywilydd.' Beth oedd hyn o'i gymharu â'r cywilydd mawr?

'Rwy mor grac,' medd Mary. 'Er inni fod yn onest â'r doctoriaid, maen nhw wedi ein trin ni fel cwningod mewn labordy.'

'A . . . ?' gofyn Sarah.

'Maen nhw wedi chwalu bywyde. Dylen ni ddial arnyn nhw.'

'Gan bwyll. Nage hwnna yw amcan y grŵp.'

'Pryd o'dd yr amser gwaetha?' gofyn Angharad.

'Yn y llacs ger y gronfa. Ro'n i'n moyn . . . bod yn rhan . . . o'r düwch.' Edrychaf i lawr.

Pan ddihunais i ar ôl yr erthyliad, wnes i lefen y glaw am fod y cwbwl yn drech na fi. Teimlo'n euog. Yn waeth na hynny, gwbod fy mod yn euog. Lo's fawr, colli gwaed yn ofnadw. O hynny ymlaen, diferai'r hunan-barch yn bwll coch ar dwlpyn o wlân cotwm.

Cyffwrdd Sarah â'm hysgwydd. 'Gallwn ni drafod hyn yn y sesiwn holi nesa. Os ti'n moyn.' Try at y lleill. 'Y wers fwya oedd ei bod hi'n cadw i fynd, yn anelu at rywbeth, y dasg leia, croesi'r hewl ac yn ôl. Unrhyw sylwadau?' Gwena pawb. Teimlaf wres sy bron yn anifeilaidd; mae rhywbeth mawr wedi digwydd am ein bod yn ffrynt unedig yn lle torri'n calonnau mewn stafelloedd gwag.

Ar y dde egyr drws yn slei bach. Fel agor drws stafell yr ymgynghorydd yn yr ysbyty. *Fel agor drws ffrynt Mam.*

'*Mam, o'dd hawl 'da fi neud e.*'

'*Na.*'

'*O'dd.*'

'*Ti wedi lladd babi diniwed.*'

Try Angharad a Mary eu hwynebau. Tyn rhywun fel ci ar dennyn. Sarah yw'r gynta ar ei thraed, fel prifathrawes yn amddiffyn ei phlant. 'Ga i eich helpu chi?' medd hi'n groesawgar, ond gwena arni'n hurt a'i hwpo â'i fraich dde.

'Ble mae'r ast?'

'Cer i'r diawl.' Wnei di fyth ennill, Howard, am dy fod yn credu fod dwrn yn drech na geiriau. Ti wedi bod yn sownd mewn oes arall tra bod y byd yn troi miliynau o weithiau. Pan gydia yn fy mraich dde, gwaeddaf. Tynnaf yn ôl. Mae pawb ar eu traed, yn hanner cylch, yn darian.

'Byddwch yn rhesymol,' medd Sarah.

'Yn rhesymol?' Cryn ei law. Gwranda, boi, pwyll piau hi, sdim llawer fan hyn ar dy ochor di. Try at bawb. 'Shwd allwch chi barchu hon?'

Deil Mary fy ysgwydd ond af yn nes ato ac edrych arno o'i gorun i'w sawdl. 'Beth wnest ti pan o'n i'n diodde? Y? O't ti wrth dy fodd, nag o't ti, y bastard bach.' Sigla Sarah ei phen yn araf.

Edrych Howard lan. 'Ti'n warth.'

'Yn warth?'

Yn sydyn, mae ei lygaid yn gymwys fel rhai Mam. Daw'r geiriau'n ôl: 'Ti wedi lladd babi diniwed.' Rwy fel ci sy'n gweld cath ddu mewn gardd ac, wrth imi wado, mae ei freichiau am ei ben fel dyn mewn seler pan mae bomiau'n ffrwydro. Yn fy mhen tyr llif drwy'r glannau. Daw hen hunllefau yn ôl: babi fel cyw marw mewn bowlen aren, haid o bobol yn bygwth fy nghrogi, olion babi wedi'u tasgu ar ffenest.

Cyn i bedair menyw fy nhynnu i'n ôl, gwelaf y poer ar ei dalcen. Edrych yn syn. Caf fy llusgo gerfydd fy mlows i gadair yng nghornel y neuadd.

'Dylet ti wbod yn well,' medd Sarah.

'Rwy'n flin. Gall fod yn ddiawl heddi ond yn sant fory.'

Try at Howard. 'Os na ewch chi, rwy'n mynd i alw'r heddlu.' Cerdda at y drws â'i ben i lawr.

'All e ddim gwneud niwed ragor,' medd Sarah. 'All neb. All dim. Mae'r darne wedi cwympo i'w lle.' Dwi ddim yn gwbod. Ody'r niwl, oedd wedi cyrraedd pob man, yn codi? Daw â dyshgled o de melys a thwym. 'Paid â gneud 'ny 'to. Mae'n groes i'r rheole.'

Ody hyn yn naturiol? Bum munud yn ôl ro'n i'n moyn ei ddarn-ladd. Ond pan gerdda'r dyn truenus drwy'r drws, rwy'n moyn rhoi cwtsh iddo. Mae rhywbeth ynom ni, greddf famol farwol sy'n ein hala i roi maldod i'r Diawl. Ar y dechrau, pan oedd y pwnio'n erchyll, ro'n i'n fodlon madde iddo cyn i'r cariad ddiflannu fel diferion glaw ar ffenest.

* * *

Wrth i fws naw i Bontypridd fwldagu, edrychaf drwy'r ffenest ar olion brwsh paent y plu cwmwl. Gwenaf. Am flynyddoedd bues i heb gynfas, heb baent. Yng nghanol y dre mae Marks & Spencer yn llawn ond mae'n werth ciwio, talu, a chael derbynneb.

'So i wedi gweld chi ers ache,' medd Eileen tu ôl i'r til.

'Rwy wedi bod bant.'

'Yn bell?'

'Yn bell iawn. Y Cyfandir Tywyll.'

'Gwylie?'

'Na.'

Cwyd ei haeliau. ''Na le od i fynd, ife?'

'Oedd hi'n wahanol.' Pan egyr ei cheg, pesycha cwsmer tu ôl i fi'n uchel. Cyn dala bws deg, galwaf mewn siop arall.

Rwy'n falch o gyrraedd gartre ble rwy'n dilyn trefen

newydd: sgrifennu rhestr yn y dyddiadur y noson cynt cyn ticio pob tasg wrth ei chyflawni drannoeth. Sarah awgrymodd un bore yn y neuadd taw hon oedd yr unig ffordd i ennill tir. Diolch i'r menywod am fod yn gefn. Alla i ddim mesur faint. Esgyrn Dafydd, beth yw doethineb dwy-funud doctor o'i gymharu â hyn?

Agoraf y cwpwrdd bach yn y stafell molchi a dodi'r poteli hanner-llawn mewn bag plastig du. Daliaf dabled ar gledr fy llaw a synnu fod llond llygad deryn yn strywo bywydau miliynau. Des i o fewn trwch blewyn: bu bron i'r morgrug gartrefu ym moncyff marw fy nghorff.

Agor drws y cefn. Y bag yw'r un ola yn y bin sbwriel symudol gwyrdd. Ar ôl agor y glwyd harn wichlyd, hwpaf ef i'r hewl ochor. Ailagor clawr y bin. Gan fod y tabledi yn y poteli trwchus brown o hyd, all y bom yn y meddwl ddim tanio ragor.

Wrth y ford yn y gegin ticiaf eitem arall ar y rhestr: mae pum tasg mas o ddeg wedi eu cyflawni. Mae'n un ar ddeg, amser i wobor, coffi neu . . . daw syniad direidus i'r meddwl. Rwy i fod i wneud hyn y prynhawn 'ma ond . . . pam lai? Wneiff e ddim niwed. Lan y star â fi ac ar y gwely mae bag Marks & Spencer. O flaen y drych gwenaf. Diolch i Dduw, mae'r wisg oefad werdd yn ffitio fel maneg. Cydiaf rhwng bys a bawd. Mae llai o floneg am y canol am fod cyfnod newydd yn dechrau. Yn y stafell molchi dengys y glorian fod chwe phwys wedi diflannu ers pythewnos. Eto pwy wedodd fod pwysau'n newid o awr i awr?

Ailwisgo a rhedeg lawr llawr. Yn y stafell fyta mae'r llyfr gwyliau â chlawr coch yn fy mag lledr du. Cyn penderfynu pwy westy i ffonio, byddai'n gall edrych ar yr albwm, tsiecio pwy draeth yn ne Llydaw yw'r un gorau. Da iawn, Elsie. O'r diwedd, rwyt ti'n sefyll ar dy draed.

Agor drâr gwaelod y seld dderw a bodio drwy'r albwm nes cyrraedd lluniau Llydaw. Ar y dudalen ola mae lluniau o filoedd o bobol ar draeth crasboeth. Ond rwy'n teimlo'n oer, yn wag am fod y cwestiynau'n barcutana: 'Ble o'n i fan hyn? Pryd oedd hyn? Beth o'n i'n neud? Pwy oedd gyda fi?' Yn araf lleinw swn y stafell fel crawc brân, peiriant lorri sbwriel yn troi, yn gwasgu a gwasgaru fel y chwalai'r tabledi feddwl a chorff.

Gan yr un awdur

Casgliad o straeon byrion: £5.50